어린이를 위한 궤도의 엉뚱한 과학책

기획 및 원작 궤도

과학을 대중에게 알기 쉽게 전달하는 대한민국 대표 과학 커뮤니케이터입니다. 연세대학교 학부와 대학원에서 천문우주학을 전공, 한국천문연구원에서 인공위성 궤도를 연구했습니다. 청와대 과학기술 분야 정책자문위원과 서울예술대학교 겸임교수를 지냈고, DGIST 특임교수로서 과학 인재 양성에 힘쓰고 있습니다.
130만 구독자를 보유한 유튜브 채널 '안될과학'의 메인 진행자로서 어려워 보이는 과학 이야기를 재미있게 풀어 전공자부터 '과포자'들에게까지 사랑받고 있습니다. 〈유 퀴즈 온 더 블럭〉, '침착맨' 등 방송과 유튜브 채널을 가리지 않고 종횡무진 과학의 재미를 널리 알리고 있습니다. 『궤도의 다시 만난 과학자』, 『과학이 필요한 시간』 등의 책을 통해 성인들이 과학을 쉽게 느낄 수 있도록 힘썼고, 이번에는 자라나는 새싹들을 과학의 팬으로 만들기 위해 돌아왔습니다.

글 남서윤

과학여행가 남서윤은 과학으로 로컬과 예술을 여행하는 문화기획자입니다. 33개국을 여행하며 얻은 영감으로 노마드사이언스(Nomad Science)를 설립해, 과학의 언어로 세상을 해석하고 지역문화와 예술과학을 새롭게 경험하는 융합 프로젝트를 선보이고 있습니다. 로컬 분야에서는 브랜딩과 테마 여행 기획을 통해 지역의 이야기를 발굴해 과학적으로 해설하고, 예술 분야에서는 〈춤추는 별빛〉 전시기획, 〈감각의 실험실〉 워크숍, 〈과학도슨트의 세계 미술관 여행〉, 〈제철 과학놀이터〉 등 과학문화예술 프로그램을 기획·운영하고 있습니다. 유목민이 별을 읽어 길을 찾듯, 세상을 감각하며 과학으로 그 길을 걸어갑니다.

그림 김규택

이야기를 만나는 것은 늘 즐겁고 위안이 되는 일이었습니다. 이야기 속에서 받은 감정들을 더 풍성하게 전해 줄 수 있는 사람이 되려고 노력 중입니다. 쓰고 그린 책으로는 『옛날 옛날』, 『세상에서 가장 큰 가마솥』이 있고, 그린 책으로는 『와우의 첫 책』, 『라면 먹는 개』, 『옹고집전』, 『서당 개 삼년이』, 『공룡개미 개미공룡』 등이 있습니다.

어떤 질문이든 괜찮아! 답보다 질문을 찾고 싶을 때

어린이를 위한

궤도의 엉뚱한 과학책 ①

기획 및 원작 궤도 | 글 남서준 | 그림 김규택

아울북

 펴내는 글

"어떤 질문은 이미 그 자체로 가장 완벽한 대답입니다."

무슨 말도 안 되는 허무맹랑한 이야기라고 생각할지도 모르겠지만, 대답의 역할을 단순히 정보 전달이 아닌 관점의 전환과 새로운 가능성의 연결로 확장한다면 일리가 있을 거예요. 한번 생각해 보세요. 인류의 위대한 발견은 모두 '정답'에서 시작된 것이 아니라 아주 작고 때로는 엉뚱해 보이는 '질문'에서 시작되었습니다. '사과는 왜 아래로 떨어질까?'라는 사소하고 당연한 질문은 만유인력의 법칙을 열었고, '빛의 속도로 달리면 세상은 어떻게 보일까?'라는 엉뚱한 상상은 상대성 이론의 문을 두드렸습니다. 결국 누구도 떠올리지 못한 질문을 찾아내는 행동 자체가 답을 찾는 것만큼이나 중요할 수 있다는 거죠.

우리가 어떤 문제에 부딪혔을 때 가장 중요한 건 무엇이 진짜 문제인지 정확하게 아는 거예요. 핵심에서 벗어난 질문은 주제에 어긋난 대답으로 이어질 수 있고, 문제 해결에는 아무런 도움이 되지 않겠죠. 즉, 질문은 문제의 정의와 방향 그 자체라고 볼 수 있어요. 또한 질문은 그동안 우리가 당연하게 여겼던 숨겨진 전제를 드러나게 해 줘요. 오랫동안 해결되지 않던 문제들은 종종 우리가 눈치채지

못하는 잘못된 전제 위에 서 있어요. 이때 강력한 질문 한 방이 문제의 구조를 완전히 무너뜨리고 새로운 대답을 만들 수 있게 해 주죠.

질문의 가장 놀라운 점은 탐구의 과정을 이끄는 동력이 된다는 거예요. 과학의 세계에서는 최종적인 하나의 정답이 존재하지 않거나 무의미할 때가 많아요. 그보다 중요한 건 더 나은 질문을 향해 끊임없이 나아가는 과정 그 자체죠. 세상을 이루고 있는 가장 작은 것은 무엇일까요? 만일 원자라고 답한다면 원자는 무엇으로 이루어져 있는가를 다시 물어볼 수 있겠죠. 그래서 완벽한 대답은 최종 정답이 아니라 인류의 지적 탐험을 계속하게 만드는 바로 질문 그 자체를 가리켜요. 질문이 멈추는 순간, 우리의 탐구도 멈추기 때문이죠.

물론 그렇다고 해서 그저 기발한 상상력의 산란한 나열을 말하는 건 아니에요. 그 질문이 우리를 어딘가 새로운 곳으로 이끌도록 해야 하는 거죠. 거울 속의 내가 실제의 나와 다르게 움직일 수 있을까 상상해 본 적이 있나요? 지구에 중력이 사라지면 어떻게 될지 궁금해한 적은요? 어쩌면 세상은 우리에게 무언가를 가르쳐 주기 위해 존재하는 것이 아니라, 우리가 끊임없이 무언가를 궁금해하도록 만드는 거대한 물음표의 숲일지도 몰라요. 그리고 그 숲을 탐험하는 우리에게 가장 필요한 것은 정답이 적힌 지도가 아니라 길을 잃을 용기와 새로운 길을 물을 수 있는 호기심이겠죠. 크리스마스에 전 세계 아이들에게 선물을 나눠 주려면 산타가 얼마나 빠르게 움직여야 할지라든지 귀신을 만났을 때 어떻게 해야 할지처럼 황당한 질문도 괜찮아요. 중요한 건 질문을 탐구하며 원인과 결과를 관찰하고, 새로운 질문을 발견하는 순간이니까요. 그것이 습관이 되면 어느새 훌륭한 한 명의 과학자가 될 준비를 마친 거죠.

어른들은 가끔 잊어버리곤 합니다. 끝도 없이 쏟아 내는 여러분의 순수한 질문 속에 얼마나 찬란한 가능성이 숨겨져 있는지요. 여러분의 질문 속에는 아직 세상이 발견하지 못한 새로운 세계로 가는 비밀의 열쇠가 숨어 있을지 모릅니다. 어쩌면 과학이 오랫동안 찾아 헤맨 해답에 가장 가까운 실마리가 바로 거기에 있을지도요.

평생 셀 수 없이 많은 과학 질문을 받아 온 저는 다시 한 번 이렇게 전합니다. 세상에 나쁜 질문은 없습니다. 다만, 그 소중한 호기심의 싹을 무심코 꺾어 버리는 불친절한 답변이 있을 뿐입니다. 질문은 우리가 얼마나 많이 아는지를 뽐내는 수단이 아니라 무엇을 모르는지를 용감하게 인정하는 가장 정직한 고백이니까요. 그리고 그

고백이야말로 모든 탐험의 진정한 시작점입니다. 이 책은 바로 그 위대한 질문들에 관한 이야기예요. 누군가 던졌던 호기심 가득한 질문이 어떻게 또 다른 질문으로 이어졌고, 그 과정에서 얼마나 많은 실패와 좌절을 겪었으며, 마침내 인류의 지성이 한 뼘 더 자라나는 감격적인 순간을 어떻게 맞이했는지를 보여 주고 싶어요.

그러니 부디, 끊임없이 질문하는 걸 멈추지 마세요.

이미 정해진 답을 찾기 위해서가 아니라 아무도 가 보지 못한 새로운 질문을 찾기 위해서 말이죠. 질문의 끝에서 우리가 마주하게 될 것은 아마도 명쾌한 정답이 아니라 더 거대하고 아름다운 또 다른 물음표일 겁니다. 그리고 그 물음표와 함께 기꺼이 다음 페이지를 넘기는 것, 그것이야말로 과학이 우리에게 주는 가장 근사한 선물이 아닐까요?

이제 세상에서 가장 흥미로운 질문의 숲으로 함께 떠나 볼까요?

- 2025년 10월
과학 커뮤니케이터 궤도

 차례

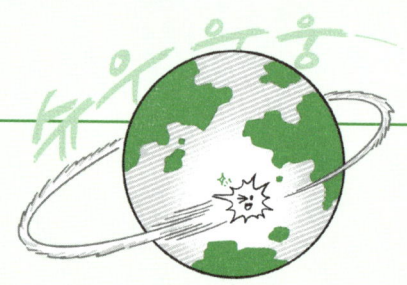

1장 · 옛이야기를 머쓱하게 하는 질문들

- ◆1화◆ 휘파람을 불면 정말 뱀이 나올까? … 14
- ◆2화◆ 사촌이 땅을 사면 진짜 배가 아플까? … 24
- ◆3화◆ 정말 뛰는 놈 위에 나는 놈 있을까? … 34
- ◆4화◆ 귀신을 만났을 때 어떻게 해야 될까? … 44

2장 · 동화 속 주인공을 위험에 빠트리는 질문들

- ◆1화◆ 피노키오: 거짓말하면 왜 코가 길어질까? … 56
- ◆2화◆ 산타: 전 세계를 돌며 선물을 주려면 얼마나 빨리 움직여야 할까? … 66
- ◆3화◆ 투명 인간: 내가 투명 인간이 되면 앞을 볼 수 있을까? … 76

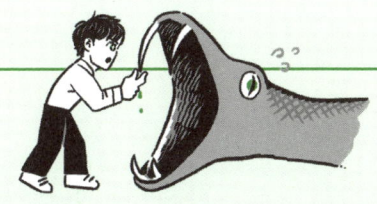

3장 · 생활 속에서 떠오르는 엉뚱한 질문들

- ◆ 1화 ◆ 거울 속의 내 모습이 나와 다르게 움직일 수는 없을까? … 86
- ◆ 2화 ◆ 독극물의 유통 기한이 지나면 더 독해질까? … 96
- ◆ 3화 ◆ 사람이 햇빛만 먹고 살 수 있다면 얼마나 오래 누워 있어야 배가 부를까? … 106

4장 · 거대한 세계로 빠져드는 위험한 질문들

- ◆ 1화 ◆ 혹시 시간이 멈춘다면 그걸 알아차릴 방법이 있을까? … 118
- ◆ 2화 ◆ 지구에 중력이 사라지면 가장 먼저 날아가는 건 무엇일까? … 128
- ◆ 3화 ◆ 블랙홀에 빨려 들어가면 친구들에겐 내가 어떻게 보일까? … 138

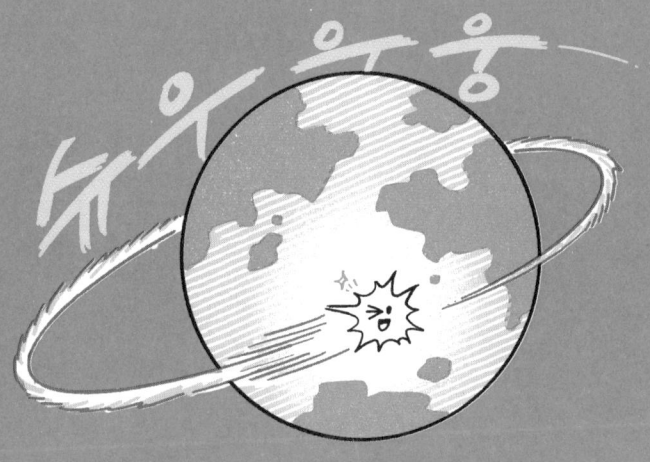

1장

옛이야기를 머쓱하게 하는
질문들

① 휘파람을 과학적으로 정의하면?

 자, 가장 먼저 '휘파람'이 무엇인지부터 정의해야죠.

휘파람이요?
휘~ 휘~ 입으로 내는 바람 소리 아닌가요?

 과학자라면 더 정확히 정의해야겠죠?

휘파람은 입술 사이로 바람을 불어서 내는 맑은 소리예요. 여기서 소리는 뭘까요? 물체가 부딪치거나 떨릴 때 생긴 진동이 공기 같은 물질을 타고 퍼져서 우리 귀에 전달되는 거죠. 즉 소리는 진동이라고 할 수 있어요. 한번 '아~' 소리를 내 보면, 목이 떨리죠? 목에 있는 성대의 진동이 공기를 타고 나오는 거예요.

이 진동이 1초 동안 몇 번 반복되느냐를 '진동수'라고 해요. 단위는 Hz(헤르츠)를 쓰고요. 진동수가 높으면 높은 소리, 낮으면 낮은 소리로 들리죠. 이 진동수를 주파수라고도 불러요. 사람이 들을 수 있는 소리 중 수천 Hz 이상을 보통 '고주파', 수백 Hz 이하를 '저주파'라고 해요. 일상에서 부는 휘파람은 보통 수천 Hz의 높은 음을 내니 고주파라고 할 수 있어요.

◆ 휘파람: 입술 틈을 통과한 공기가 만들어 내는 소리로,
　　　　　보통 수천 Hz의 고주파

② 고막이 없어도 소리를 들을 수 있다고?

 그런데 뱀은 귀가 없지 않아요?

하하. 뱀은 귀가 없지만, 있다고도 할 수 있어요.

먼저 사람의 귀부터 살펴보자고요. 사람의 귀는 세 부분으로 나뉩니다. 귓바퀴로 소리를 모으는 '바깥귀', 고막이 소리를 받아 진동하는 '가운데귀', 그리고 달팽이관으로 소리를 전달하는 '속귀'. 이 구조를 기억해 두세요. 뱀은 다르거든요.

뱀은 귀가 없다고 했죠? 정확히는 고막이 없어요. 뱀에게는 속귀만 남아 있습니다. 그러면 뱀은 어떻게 소리를 들을까요? 여기서 포인트는 소리가 진동이라는 점이에요. 공기 중의 진동은 턱뼈에서 머리뼈로 전해지고, 땅을 울리는 진동은 배의 비늘에서 근육, 척추뼈, 턱뼈, 머리뼈 순으로 전달돼요. 머리뼈가 이 진동을 속귀로 보내는 거죠. 이걸 뼈 전도라고 부릅니다. '골전도 이어폰'도 이 원리를 이용하죠. 귀에 꽂지 않아도, 뼈를 타고 소리를 듣는 거예요. 우리가 골전도 이어폰을 쓸 때 뱀의 세계를 살짝 체험하는 셈이죠.

♦ **인간의 귀**: 귓바퀴(바깥귀) → 고막(가운데귀) → 달팽이관(속귀)

♦ **뱀의 귀**: 공기 → 턱뼈 → 머리뼈 → 속귀

　　　　　땅 → 배의 비늘 → 근육 → 척추뼈 → 턱뼈 → 머리뼈 → 속귀

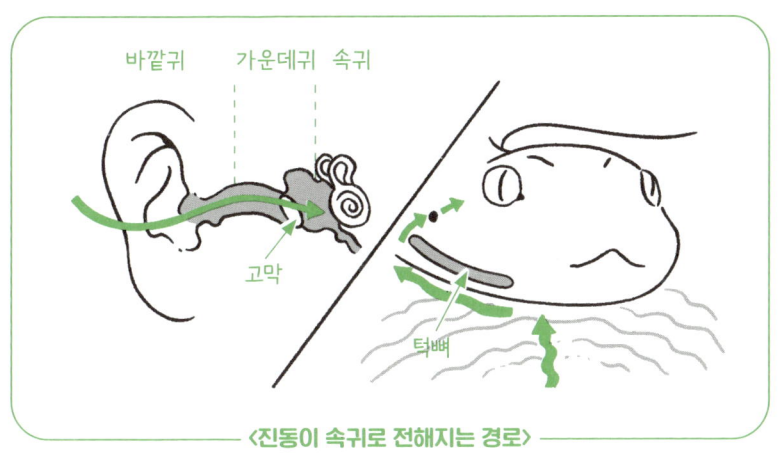

<진동이 속귀로 전해지는 경로>

그렇다고 뱀이 사람만큼 소리를 들을 수 있는 건 아니에요. 뱀이 감지하는 가장 높은 주파수는 기껏해야 1,000Hz 정도로 추정돼서 그보다 높은 주파수의 휘파람은 거의 듣지 못해요. 대신 발소리처럼 낮고 묵직한 저주파에는 민감하게 반응하죠.

◆ 뱀이 들을 수 있는 한계는 1,000Hz 정도로 추정된다.

여기서 영화 <해리 포터> 얘기를 잠깐 꺼내 볼게요. 해리가 뱀에게 쉭쉭거리는 '뱀의 말'로 말을 걸죠? 이제 같은 장면이 이전과는 다르게 보이지 않나요? 해리가 내는 쉭쉭 소리는 고주파에 가까워서 뱀은 이 소리를 거의 듣지 못해요. 그러니까 해리가 아무리 멋지게 쉭쉭거려도 뱀 입장에서는 공기 중의 진동이 턱뼈로 살짝 전해지는 정도였을 가능성이 큽니다.

③ 피리 소리를 따라 춤추는 뱀의 진실은?

 하지만 피리 소리를 듣고 춤추는 뱀도 있잖아요!

아주 날카로운 질문이에요! 정말 중요한 포인트입니다.

 피리 소리도 고주파 아니에요? 뱀이 어떻게 들을 수 있죠?

앞에서 했던 이야기를 생각해 보면, '듣는' 게 아니겠죠?

앞에서 정리한 휘파람과 뱀의 특징을 다시 떠올려 볼까요?

◆ **휘파람**: 입술 틈을 통과한 공기가 만들어 내는 소리로, 보통 수천 Hz의 고주파

◆ **뱀의 특징**: 머리뼈로 전달된 진동을 감지해 소리를 듣고, 공기 중의 소리는 1,000Hz 정도까지 들을 수 있다.

그럼 과연 피리 소리가 몇 Hz일까요? 물론 저음을 내는 피리도 있지만, 보통 공연용 피리는 휘파람과 비슷하거나 더 높은 음을 냅니다. 게다가 피리가 땅을 흔들 만큼 강한 진동을 만들 수도 없죠. 답이 나왔군요. 뱀은 피리 소리를 듣고 춤추는 게 아니다!

그렇다면 뱀은 어떻게 피리 소리에 반응하는 것처럼 보이는 걸까요? 비밀은 바로 움직임에 있어요. 뱀은 시력이 뛰어나지는 않지만, 움직임을 감지하는 능력은 꽤나 예민합니다. (뱀의 시각에 대해서도 정말 할 얘기가 많지만 이번엔 넘어갈게요.) 피리 부는 사람은 단순히 소리만 내는 게 아니에요. 피리를 흔들거나 손과 몸을 크게 움직이면서 연주하죠. 뱀이 그 움직임에 반응해서 마치 음악에 맞춰 춤추는 것처럼 보이는 거예요.

게다가 반복적으로 연주자를 '보면서' 훈련된 뱀은 그 손동작이나 피리에 자동으로 반응하게 됩니다. 이걸 학습이라고 부르죠. 그래서 뱀 공연에서는 소리보다 피리 부는 사람의 손짓과 움직임이 훨씬 더 중요합니다.

♦ 춤추는 뱀의 비밀: 뱀은 피리 소리를 듣고 움직이는 게 아니라 피리 부는 사람의 움직임에 반응하도록 학습되었다.

④ 왜 이런 말이 생겼을까?

 그럼 왜 '휘파람을 불면 뱀이 나온다'는 얘기가 있는 거예요?

 아까 말한 '학습'을 생각해 봐요.

 혹시 사람들도 뱀처럼 훈련된 건가요? 무서워…!

 하하하. 잘못 훈련됐다고 할까요?

   뇌는 끊임없이 세상의 규칙을 찾습니다. 사람들은 피리 소리가 들리고, 뱀이 춤추기 시작하자 '피리 → 춤추는 뱀'이라고 연결 지었어요. 이처럼 만약 밤에 누군가 휘파람을 불었는데 우연히 뱀이 튀어나왔다면? 당연히 놀랐겠죠. 이때 뇌는 '휘파람 → 뱀 등장'이라는 연결 고리를 만들어 버립니다. 이걸 패턴 인식 오류 라고 해요. 우연한 사건을 원인과 결과의 '패턴'으로 착각하는 거죠. 그래서 '밤에 휘파람 불면 뱀 나와!' 같은 이야기가 퍼진 거예요.

   게다가 휘파람이나 피리 소리처럼 날카로운 고주파 음은 인간의 뇌를 긴장시키

고 불안하게 만듭니다. 공포 영화에서 고주파음을 배경에 까는 이유도 무언가 나올 것 같은 느낌을 만들어 내려는 거죠. 이렇게 공포와 불안이 증폭되면, 사람들은 이유를 알 수 없는 상황의 빈틈을 상상력으로 채우게 됩니다.

옛사람들이 휘파람이나 피리 소리를 귀신이나 신령을 불러내는 특별한 소리로 여겼던 것도 비슷한 이유겠지요. 결국, 휘파람 소리가 뱀을 부른다는 믿음은 인간의 뇌가 만들어 낸 패턴과 상상력의 산물이라고 할 수 있겠네요.

♦ **미신의 시작**: 패턴 인식 오류와 고주파음이 불러오는 불안감이 미신을 만들었다.

> 🖎 소리를 듣는다는 건 단순히 귀가 있다는 뜻이 아니에요. 다양한 방식으로 세상을 느끼는 생물들의 세계를 보면 '듣는다'는 감각이 얼마나 다양하게 진화했는지 알 수 있어요.

♦ 더 알아보기 ♦

캣 뮤직과 스파이더센스

뱀이 '듣는' 방식 진짜 재밌지 않나요? 이쯤 되니 다른 동물들은 소리를 어떻게 들을지도 궁금해지죠?

① 음악에 반응하는 동물: 고양이와 '캣 뮤직'

사람이 들을 수 있는 소리의 범위는 보통 20~20,000Hz 정도입니다. 그런데 고양이는 무려 48Hz부터 85,000Hz까지 들을 수 있어요! 사람은 아예 인식하지 못하는 초고주파까지 다 듣는 셈이죠. 사람은 한 채널만 틀 수 있는 TV라면, 고양이는 모든 채널과 연결된 TV나 다름없어요.

재미있게도 그렇게 귀가 예민한 고양이가 인간이 듣는 음악에는 거의 반응하지 않아요. 왜 그럴까요? 그건 인간에게 맞춰진 음악이기 때문이었어요. 그래서 나온 게 바로 '캣 뮤직'입니다. 고양이의 특성에 맞춰, 높은 음역대와 부드럽고 반복적인 리듬으로 특별히 작곡된 음악이죠.

캣 뮤직을 들려줬을 때 고양이들은 몸을 부드럽게 문지르거나 가르랑거리면서 긍정적인 반응을 보였다고 해요. 그래서 요즘은 동물병원, 고양이 카페, 심지어 집에서도 고양이에게 캣 뮤직을 들려주는 사람이 늘고 있어요. 고양이를 좋아한다면 고양이와 '함께 듣는' 음악을 고민할 때가 온 거죠.

② 귀가 없는 동물의 청각 시스템: 거미와 '스파이더센스'

거미는 귀가 없습니다. 진짜로요. 뱀과 달리 청각 기관도 없죠. 그런데도 주변의 소리를 '느낍니다.' 어떻게 가능할까요? 비밀은 거미의 다리와 거미줄에 있어요!

거미의 다리에는 극도로 민감한 털들이 촘촘히 나 있어 공기의 미세한 진동을 감지할 수 있어요. 소리를 '듣는다'보다는 '느낀다'가 정확한 표현이죠. 게다가 거미줄은 바람, 작은 벌레의 날갯짓, 심지어 몇 미터 떨어진 인간의 발소리까지 모아 줍니다. 거미가 거미줄의 진동을 읽으면 어디서, 무엇이, 얼마나 빠르게 다가오는지까지 파악할 수 있어요. 거미는 자기 몸뿐만 아니라 거미줄 전체를 '슈퍼 감각 기관'으로 사용하는 거죠. 마치 영화 〈스파이더맨〉의 '스파이더센스'가 현실에 나타난 것 같죠? 거미는 귀 대신 다리와 거미줄로 세상을 '듣고' 있는 셈입니다.

 교과 연계
초등 과학 3학년 2학기 3단원 《소리의 성질》
초등 과학 6학년 2학기 4단원 《우리 몸의 구조와 기능》

① 사촌을 볼 때 내 머릿속에서 일어나는 일

자, 같은 반 친구가 최신형 스마트폰을 사 왔다면 마음이 어떨 것 같아요?

흠, 일단 놀랄 것 같고, 부럽고, 질투도 할 수 있지 않을까요?

그렇죠? 그 마음에 이번 질문의 해답이 있어요.

누가 복권에 당첨됐거나 친구가 갑자기 새로 나온 스마트폰을 샀다는 소식. 분명 같이 기뻐해야 마땅한데, 이상하게 속이 쓰리고 입맛이 싹 사라지죠. 기분 탓이라고요? 맞아요. (맞다고 해서 놀랐나요?) 기분, 바로 감정이라고도 하죠. 그것도 꽤 강력하고 복잡한 의미의 감정, 바로 질투예요.

이번에는 다행히 휘파람을 정의할 때처럼 하나하나 생각해 볼 필요가 없어요. 사실 질투는 심리학계의 선배들이 아주 오래전부터 관심 갖던 주제거든요. 이런 경우 심리학에서는 질투를 '다른 사람이 갖거나 이룬 것을 부러워하는 마음'으로 정의해요. 간단하죠? 역시 대단한 선배님들!

♦ 질투: 다른 사람이 갖거나 이룬 것을 부러워하는 마음

② 뇌는 질투를 어떻게 받아들일까?

우아. 정의가 빠르게 나왔네요. 근데 질투한다고 해서 제 기분이 나아지지는 않는 것 같아요.

그럼요. 눈에 보이니 질투가 나는 건 어쩔 수 없죠. 그래서 질투심은 사실 고통을 주기도 해요. 흑흑.

앗. 혹시 그래서?

사실 인간은 무의식적으로 다른 사람과 끊임없이 경쟁하고 있어요. 아주 오래전, 음식이나 도구 같은 자원이 적을 때는 모두가 경쟁자였거든요. 그러려면 남과 나를 비교해야만 하죠. 그러다가 질투가 시작되면 뇌는 단순히 '기분 나쁘네' 하고 넘어가지 않아요. 오히려 아주 빠르게, 마치 위험에 처한 것처럼 반응하죠. 심지어 '사촌이 땅을 샀다고?' 생각한 순간 뇌는 메시지를 받아요.

"경쟁자 발견. 내 위치 불안정. 경고 신호 발송."

이때 작동하는 부위가 바로 뇌의 전측 대상 피질입니다. 쉽게 말하면 영화 〈인사이드 아웃〉 속 감정이들의 본부 같은 곳이에요. 이 감정 본부는 통증을 해석하고 괴로움을 느끼게 하는데, 놀랍게도 신체적 고통뿐만 아니라 사회적 고통과 위협에도 똑같이 반응해요. 즉 마음의 상처도 진짜 상처처럼 고통을 준다는 거죠.

사촌이 부자가 된 일이 자신에게 직접 영향을 주는 건 아니지만 뇌는 그걸 '내가 밀려났다'는 위협으로 느낍니다. 자신의 생존을 불안하게 한다고 받아들이는 거예요.

게다가 감정 본부는 우리 스스로를 감시하는 역할도 합니다. 그래서 질투가 생기면 질투하는 나를 보면서 괜히 스스로를 초라하게 느끼고, 혼자 속상해하고, 이상하게 평소보다 더 예민해지는 것이죠.

◆ 뇌는 끊임없이 남과 경쟁하고 있어서 뇌에게 질투는 위협이고, 고통이다.

③ 사촌의 땅과 내 배의 놀라운 관계

 잘 살펴보면 이 속담은 조금 이상해요.
'마음이 쓰리다'도 아니고
왜 하필 '배가 아프다'고 했을까요?

그러게요. 그냥 기분이 안 좋은 거지
설마 진짜로 배가 아픈 건 아니죠?

 놀랍게도 정말 배가 아플 수 있어요.

네?! 정말요?

우리가 느끼는 질투가 어디까지 영향을 주는지 살펴보려면 먼저 자율 신경계를 알아야 해요. 자율 신경계는 심장 박동, 호흡, 혈압, 소화와 같은 활동을 조정해 의식하지 않아도 몸이 알아서 균형을 맞추도록 해요. 우리 몸의 자율 주행 같은 거죠. 자율 신경계에는 교감 신경과 부교감 신경이 있어서 움직여야 할 때는 교감 신경이, 쉴 때는 부교감 신경이 작용해요.

뇌가 위협을 감지하면, 그 정보는 곧장 교감 신경을 통해 몸 전체로 전송됩니다. 이와 동시에 코르티솔이라는 호르몬도 분비돼요. '스트레스 호르몬'이라 불리는 이 물질은 비상사태를 알리는 신호탄이에요. 그러면 몸은 에너지를 빨리 쓰고, 위장 운동을 줄이고, 혈압을 올리고, 소화액 분비도 멈춰 버립니다.

그래서 질투에 빠지면 식욕이 뚝 떨어지고, 속이 더부룩하고, 정말로 '배가 아픈' 상태가 되는 겁니다. "지금 밥이 넘어가니? 일단 살아야지!"라고 외치는 셈이죠.

여기서 더 흥미로운 사실은 뇌만 일방적으로 명령을 내리고 장은 따르는 관계가 아니라는 거예요. 장에는 스스로 움직이고 뇌에 신호를 보내는 신경계가 있어요. 장은 소화 기관이면서 감정에도 반응하는 복잡한 감각 기관인 거죠. 이렇게 뇌와 장이 나누는 양방향 대화를 '장-뇌 축'이라고 해요. '배가 싸늘하다', '속이 부글부글 끓는다', '장이 꼬인다' 이런 말들이 사실은 꽤 정확한 과학적 표현인 셈이죠.

질투는 단순히 마음만 괴로운 게 아니라 몸이 고통에 직접 반응하는 상태입니다. 뇌가 사회적 위협을 느끼고, 교감 신경은 몸을 긴장시키고, 장이 스트레스를 받아 덜 움직이면서 우리는 '배가 아프다!'고 느끼는 거예요.

♦ 질투가 배를 아프게 하는 과정

- 뇌: 아 부러워. 저 녀석 위협적이야!

- 교감 신경: 우리가 위험해? 다 긴장해!

- 장: 아, 스트레스! 일단 멈춰!

④ 사촌이 땅을 빼앗기면 어떨까?

 이제 질투에 대해 다 안 것 같아요!

벌써요? 아직 아닐 텐데? '샤덴프로이데'라고 진짜 재밌는 얘기가 아직 남았거든요.

 네? 뭐요? 사촌프로이데요?

'질투' 하면 서양 사람들은 샤덴프로이데를 떠올릴지도 몰라요. 독일어로 '남의 불행을 보고 느끼는 은근한 기쁨'이라는 뜻이죠. 질투와 정반대 상황에서 생기는 감정이에요. 특이한 점은 샤덴프로이데를 느낄 때 뇌를 분석해 보면 보상을 받을 때 활발해지는 부위가 움직인다는 겁니다. 마치 남의 불행이 내 보상인 것처럼요. 뇌는 사촌의 실패가 내게 직접적으로 이득이 아니어도 그로 인해 자신의 생존이 유리해졌다고 생각하는 거죠.

여기서 질투든 샤덴프로이데든 남을 경쟁자로 보는 본능에서 발생한다는 점을 알 수 있습니다. 게다가 둘 다 남의 변화가 내 생존에 직접 영향을 주는 것처럼 작동하죠. 과학은 이 모든 과정을 이렇게 해석해요. '감정은 뇌가 보내는 신호이고, 몸이 직접 반응하는 생존의 언어다.'

최근에는 질투를 일으키는 일이 참 많죠. SNS로 사람 사이 거리가 가까워지고, 더욱이 SNS에는 남들 인생에서 가장 멋진 순간이 올라오니까 내 현실과 비교되죠.

이쯤에서 질투가 고통인 이유를 다른 관점에서 봐야 할 것 같아요. 질투는 결국 잘하고 싶은 마음이 있기 때문에 발생하잖아요. 뇌는 더 잘 살고 싶으니까, 더 나아지고 싶은 성장통으로 질투를 느끼는 걸지도 몰라요.

✏️ 어쩌면 '사촌이 땅을 사면 배가 아프다'는 말은 질투심이 나를 휘감을 때 나를 더 사랑하고, 더 나은 사람이 되고 싶다는 마음이 있어야 한다는 뜻이 아닐까요? '사촌이 잘돼 질투 나니까 나도 저렇게 잘되도록 노력해야겠다'라고요.

♦ 더 알아보기 ♦

몸으로 표현되는 감정

그런데 말이죠, 몸이 반응하는 감정은 질투뿐만이 아닙니다. 이번엔 뇌가 어떻게 감정을 느끼는지와 다른 감정들이 몸에 주는 영향을 더 알아볼까요?

① 뇌는 어떻게 감정을 느낄까? : 뇌의 구조와 역할

질투했다가 기뻐했다가 슬퍼했다가 하루에도 바쁘게 이 감정 저 감정을 오가는 뇌. 뇌는 눈, 코, 귀, 혀, 피부 등의 감각 기관에서 들어오는 대부분의 자극과 신호가 모이는 곳이에요. 이렇게 얻은 정보를 통합해 몸의 다양한 반응을 조절합니다. 아주 바쁘겠죠?

감정도 뇌가 만들어 내는 활동 중 하나예요. 감정뿐만 아니라 행동, 말, 기억 등 우리가 하는 거의 모든 활동이 뇌를 거쳐요. 특수한 장비로 뇌를 관찰하면 정보의 종류에 따라 뇌가 활발해지는 부위가 달라지는 걸 알 수 있죠.

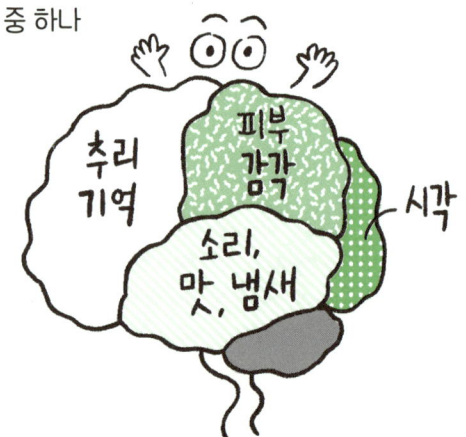

② 설레면 왜 심장이 뛰는 걸까? : 교감 신경

좋아하는 사람을 만날 때, 놀이공원이나 콘서트 입장을 기다리며 기대가 차오를 때 두근두근 심장이 빨리 뛰는 경험을 누구나 해 봤을 거예요. 이건 교감 신경이 반응하고 있다는 신호예요. 설렘이나 기대를 느끼면 뇌에서는 행복감을 주는 호르몬인 도파민이 분비돼요. 이때 도파민이 교감 신경의 활성화를 유도해 손끝이 따뜻해지고, 심장이 빨리 뛰게 만들죠. 신나는 상황에서 빠르게 움직일 수 있게 해 주는 거예요.

③ 슬프면 왜 가슴이 먹먹해질까? : 부교감 신경

'가슴이 텅 빈 것 같다'거나 '먹먹해서 말이 안 나온다'는 표현, 슬픈 순간에 자주 등장하죠. 이 역시 감정과 몸이 연결된 결과입니다. 부교감 신경은 교감 신경과 반대로 최대한 에너지를 덜 쓰고, 저장하도록 만들어요. 슬픔이 깊어질수록 우리 몸에서는 교감 신경보다 부교감 신경이 활발해지죠. 그러면 행복할 때와 달리 심장은 느리게 뛰고, 호흡도 얕아져요. 가슴 근육이 긴장하게 돼서 가슴이 덜 움직이니 공기가 적게 들어오기도 합니다. 그래서 우울하거나 슬플 때 실제로 가슴이 답답하고 무거운 느낌이 드는 거예요.

교과 연계
초등 과학 6학년 2학기 4단원 《우리 몸의 구조와 기능》
중등 과학 3학년 4단원 《자극과 반응》

① 빠르다는 게 뭘까?

 음, 일단 '빠르다'는 표현을 과학적으로 정의해야겠죠?

 저는 뛰는 놈이랑 나는 놈을 먼저 정의하고 싶어요!

 좋아요. 정의하기 어려운 것부터 확실히 짚고 넘어갑시다.

속담 속 '뛰는 놈'과 '나는 놈'은 뭘 가리킬까요? 사람이 날 수는 없잖아요. 옛날에는 동물을 생각했을지도 모릅니다. 이제는 과학의 발전 덕분에 사람이 만든 것 중에도 '뛰는 놈'과 '나는 놈'이 있어요. 바로 운송 수단이죠. 자동차와 기차, 비행기 등에는 최첨단의 과학 지식과 기술이 들어 있어요. '뛰는 놈'은 육지를 달리는 운송 수단, '나는 놈'은 하늘을 나는 운송 수단으로 생각해 봅시다.

다음은 '빠르기'를 정의해야겠죠? 과학에서는 물체가 움직이는 빠르기를 속력이라고 부릅니다. 시간당 이동한 거리로 정의하죠. 여기에 방향까지 고려해 시간당 이동한 위치를 속도라고 하고요.

- ◆ **뛰는 놈과 나는 놈**: 육지를 달리는 운송 수단과 하늘을 나는 운송 수단
- ◆ **속력**: 시간당 이동한 거리. 이동 방향을 포함하지 않는다.
- ◆ **속도**: 시간당 이동한 위치. 이동 방향을 고려한다.

② '뛰는 놈'과 '나는 놈'의 자존심을 건 승부

 그럼 비행기가 제일 빠르겠네요?

 그게 당연해 보이죠. 하지만 세상에는 그 당연함에 의문을 갖는 사람도 많답니다.

처음에는 사람으로 시작하죠. 진짜 '뛰는 놈'이니까요. 사람은 가장 원시적인 운송 수단이니 정의에도 들어맞습니다. 가장 빠른 사나이 '우사인 볼트'를 모시죠. 그의 100m 최고 기록은 2009년 베를린 세계육상선수권 대회에서 달성한 9초 58입니다. 이를 1시간에 얼마를 가는지 나타내는 시속으로 바꾸면 약 37km/h예요.

그 다음은 자동차입니다. 일반적인 자동차는 100km/h 정도 속력이 나오죠. 안타깝게도 우사인 볼트는 벌써 탈락하네요. 세상에서 가장 빠른 사나이여, 안녕~!

자동차도 여기서 끝이냐? 아니죠. 사람 중에는 육상의 우사인 볼트였으니, 자동차 중에는 서킷 위의 F1 자동차를 데려왔습니다. 세계에서 가장 빠른 자동차와 선수를 가리는 F1 자동차의 속도는 평균 200~260km/h대예요. 공식적으로 최고 약 372km/h까지 기록했죠. 최고 305km/h까지 달리는 KTX보다 빠른 겁니다. F1은 KTX보다 '빨리 뛰는 놈'이라고 불러도 손색없겠네요!

KTX가 나왔으니 기차로 넘어가죠. 기차는 F1 자동차에 진 거 아니냐고요? 아니요. 중국 상하이의 자기 부상 열차는 최고 속력 431km/h를 자랑합니다. 자기 부상 열차는 자석의 힘(자기력)으로 선로 위에 떠서(부상) 움직이는 기차입니다. 이 원리가 또 재밌죠! 자석은 같은 극끼리는 밀어내고, 다른 극끼리는 당겨요. 자석이나 전류가 만들어 내는 힘인 자기력이 일으키는 현상입니다. 자기력을 이용해 열차를 선로 위에 띄우고, 모터를 가동하면 열차와 선로의 자석들이 밀어내고 당기며 열차가 움직여요. 열차가 떠 있으니 마찰이 거의 없어 날아가듯 빠르게 달릴 수 있죠.

다음은 드디어 '나는 놈'의 대표 선수, 비행기예요! 보통 우리가 타는 비행기의 속력은 900km/h 정도예요. 앞서 말한 어떤 것보다 빠르죠. 역시 '뛰는 놈 위에 나는 놈!'

하지만 언제나 그럴까요? 당연해 보이는 사실에 의문을 갖는 게 과학에서는 아주 중요한 사고방식이죠. 이 질문에 답을 한 주인공은 바로 1,227km/h를 달성하고 세상에서 가장 빠른 자동차로 기록된 스러스트 SSC와 그 운전자 앤디 그린이에요. 영국의 연구팀에서 개발한 스러스트 SSC는 비행기에 쓰는 제트 엔진을 달아서 최초로 소리보다 빠르게 달린 자동차예요. 사실상 도로를 달리는 비행기죠. 실제로 전투기 조종사였던 앤디 그린이 운전을 맡았어요. '나는 놈'보다 더 빠른 '뛰는 놈'이 있었던 거예요. 바로 과학 기술의 힘으로요!

하지만 비행기도 호락호락하지는 않아요. 우리는 아직 앤디 그린이 하늘에서 몰던 전투기의 빠르기는 보지 않았거든요. 제트 엔진의 힘은 하늘에서 그 진가를 발휘합니다. 미국의 전투기 SR-71 블랙버드는 3,529km/h로 날 수 있다고 해요. 우사인 볼트보다 약 100배나 빠르네요!

◆ 최고 속력 비교

인간 대표(우사인 볼트)= 약 37km/h

기차 대표(자기 부상 열차)= 431km/h

자동차 대표(스러스트 SSC)= 1,227km/h

비행기 대표(SR-71 블랙버드)= 3,529km/h

③ '나는 놈' 위에 '쏘는 놈'

그럼 결국 비행기가 제일 빠르다는 거죠?

하하. 마지막 반전이 하나 더 남았답니다!

'나는 놈' 중에는 비행기 말고도 빠른 게 하나 더 있어요. 바로 우주선! 이번에 알아볼 것은 우주선 중에서도 굉장히 빠른 친구예요. 태양계의 중심, 태양까지 가야 하기 때문이죠.

파커 태양 탐사선은 말 그대로 태양을 조사하러 떠난 우주선입니다. 파커라는 이름도 태양 연구에 앞서 있던 천체 물리학자 유진 파커의 이름에서 따왔죠. 파커호가 특별한 이유는 여럿 있지만, 그중에서도 우리가 주목할 부분은 속력이에요. 2024년 12월 24일 크리스마스이브에 파커호는 무려 686,722km/h의 속력을 기록했어요! 지금까지 알아봤던 것들과는 차원이 다르죠? 더 놀라운 점은 실제 측정된 속력이 2018년 파커호를 발사할 때 과학자들이 예측했던 최고 속력 범위 안에 들어간다는 거예요. 6년이 지나서 과학자들은 자기들의 계산이 맞았다는 사실을 확인한 거죠.

♦ 파커 태양 탐사선의 최고 속력 = 686,722km/h

파커호는 어떻게 이렇게 빠르게 날아갈 수 있을까요? 영화 〈인터스텔라〉에 대해 들은 적 있나요? 이 영화에서는 물체들끼리 서로 당기는 힘인 중력을 이용해 우주선의 속력이나 방향을 바꾸는 '스윙바이', 다른 말로 중력 보조 전략을 사용해요. 중력이 마치 새총처럼 우주선을 쏜다고 해서 '중력 새총'이라고도 하죠.

파커호도 이 전략을 사용하지만 일반적인 '스윙바이'와는 다릅니다. 왜냐하면 파커호의 목표는 태양 주변을 돌며 가까이서 연구하는 것이기 때문이죠. 만약 지구에서 태양을 향해 탐사선을 그대로 쏜다면 어떻게 될까요? 아마 엄청난 속도로 태양을 향해 돌진하거나 태양을 빠르게 지나간 뒤 '멀리서' 타원 궤도를 돌게 될 거예요. 원래 가려던 길로 계속 가려는 힘이 남아 있기 때문이죠. 태양의 막대한 중력을 이겨 내며 태양 근처를 돌면서 관측하려면 우선 파커호가 태양을 공전하는 속도를 줄여야 하는 겁니다.

◆ 파커 태양 탐사선은 **중력 보조** 전략을 사용한다.
◆ **중력 보조 전략의 원리:**
  행성의 중력권을 스치면 그 행성의 공전 운동 에너지를 빌려 우주선의 속도를 바꿀 수 있다.

좋은 질문이에요! 아, 질문 안 했나요? 나올 타이밍이라서 그만…. 그럼 어떻게 해야 공전 속도를 줄일 수 있을까요?

파커호는 금성을 이용합니다. 보통은 중력 보조 전략으로 속도를 높이지만, 파커호는 정반대로 금성의 중력에 붙잡혀서 느려집니다. 그러면 태양의 중력에 더 강하게 이끌려서 가려던 방향 대신 태양을 아주 가깝게 지나는 새로운 궤도로 진입하게 되죠. 이 방식으로 금성을 여러 번 스치며 궤도를 태양 쪽으로 점점 좁혀 갑니다. 그러다 태양에 가장 가까이 갔을 때 파커호의 속력이 686,722km/h였죠. 마치 롤러코스터가 높은 곳에서 천천히 움직이다가 가장 낮은 위치에서 최고 속도를 내는 것처럼요. '중력 새총'을 이용해 파커호는 '나는 놈'보다 빠른 '쏘는 놈'이 된 거죠.

♦ 파커 태양 탐사선이 중력 보조 전략을 사용한 이유:
 태양의 중력에 끌려가지 않으면서 안정적으로 태양을 조사하려고.

> 더 빠른 운송 수단을 찾는 것은 무엇보다 필요합니다. 하지만 빠르다고 끝은 아니에요. '빠르기'만큼 방향도 중요하죠. 속도는 과학이지만 방향은 과학자의 역할인 거죠.

자연 속의 속력

사람이 만든 것 중에 가장 빠른 파커 태양 탐사선은 기계로 만든 힘만이 아니라 중력이라는 자연의 힘도 이용했죠. 그렇다면 자연에서 가장 빠른 것은 무엇이고, 얼마나 빠를까요?

① 가장 빠른 동물은?

'가장 빠른 동물' 하면 떠오르는 동물이 뭐죠? 십중팔구는 "치타!"라고 외치겠죠? 최고 속력 120km/h로 달리는 치타는 빠른 동물의 대표 선수지만 치타가 정답이 되려면 질문이 '육상 동물 중 가장 빠른 동물은?'이 되어야 합니다. 그럼 세상에 치타보다 빠른 동물이 있는 건가 싶죠? 놀랍게도 있습니다! 바로 하늘을 나는 송골매예요! 뛰는 놈, 치타 입장에서는 "또 너냐, 나는 놈!" 하고 외치고 싶겠지만요. 먹이를 사냥하러 급강하할 때 송골매는 320km/h까지 빨라진다고 해요. 치타가 감히 범접할 수 없는 속력이긴 하죠. 송골매는 이 속력으로 급강하 시 가장 빠른 새로 기네스북에 등재돼 있기도 하답니다.

② 세상에서 가장 빠른 빛

인간이 만든 것과 자연을 포함한 세상에서 가장 빠른 것은 '빛'입니다. '빛보다 빠르다'거나 '번개처럼 달려간다'는 표현이 있을 정도로 빛이 빠르다는 것은 옛날 사람들도 모두 알고 있었어요.

이 빛, 얼마나 빠를까요? 빛은 아무 물질도 없는 공간인 진공 속에서 시간당 약 1,080,000,000km, 즉 10억 8천만 km를 가요. 빛의 속력으로 지구를 도는 데 단 0.134초밖에 걸리지 않을 정도입니다. 얼마나 빠른지 짐작도 안 가죠? 이렇게 빛은 어마어마하게 빠르지만 우주의 규모도 어마어마하게 크기 때문에, 우주를 연구하는 과학자들은 빛이 진공에서 1년 동안 간 거리를 나타내는 1광년을 거리의 단위로 사용하기도 합니다.

교과 연계
초등 과학 3학년 1학기 2단원 《동물의 생활》
초등 과학 5학년 2학기 4단원 《물체의 운동》

① 공포는 어떻게 시작될까?

 으으. 귀신을 생각만 해도 벌써 무서워요.

무서움을 극복하는 방법을 알려 줄까요? 바로 '무섭다'는 게 뭔지 정의하는 거예요.

 정말 못 말린다니까….

깜깜한 밤, 집 안에 혼자 있을 때 갑자기 거울 속에서 무언가 스 으 지나간 것 같은 느낌. 순간 심장이 쿵 내려앉고 등줄기에 식은땀이 흐르면서 몸이 덜컥 굳어 버립니다. 우리는 이런 감정을 무섭다고 말하죠. 무섭다는 건 무언가를 피하려는 감정으로 '지금 뭔가 낯설고, 위험할지도 몰라' 하고 뇌가 먼저 겁을 주는 겁니다.

여기서 알 수 있는 건 뇌가 겁쟁이라는 게 아닙니다. 이게 다 살아남기 위한 뇌의 몸부림이거든요. 정보가 부족한 상황에서는 더 조심스럽게 행동하는 것이 생존에 유리합니다. 위험을 빨리 감지하도록 발달한 뇌의 생존 전략일 수도 있는 거죠. 앞으로 겁 많은 사람을 겁쟁이라고 놀릴 게 아니라 "너의 뇌는 경계 시스템이 잘 작동하는구나"라고 말해 주면 어떨까요?

◆ 무서움: 생존을 위해 뇌가 오랫동안 발전시킨 경보 장치

② 공포를 먹고 생겨난 귀신

 아니, 근데 진짜 누가 있었어요. 느낌이 아니라 무언가 봤다고요!

 그럴 때 이렇게 말하는 거예요! 뇌의 생존 전략이 뛰어나군요.

 맙소사.

보통 어떤 때 무서움을 느끼죠? 혼자 있거나 어둡거나 조용할 때? 바로 정보가 부족한 상황이죠. 이럴 때 뇌는 자기 맘대로 정보의 빈칸을 채워 버립니다.

혹시 자동차 앞모습이 웃고 있거나 화가 난 것처럼 보인 적 있나요? 그것도 뇌에서 만들어 낸 인상이에요. 특히 사람 얼굴이 자주 보이는데, 얼굴에서 감정을 읽고 낯선 사람인지 알아채는 능력이 생존에 큰 영향을 주었기 때문입니다. 아무 의미 없는 자극에서 익숙한 의미를 찾아내는 파레이돌리아라는 현상이죠.

귀신도 비슷해요. 귀신이 보여서 무서운 게 아니라 무서운 환경에서 귀신을 볼 준비가 돼 있기 때문에 귀신 같은 모양이 보이는 거죠. 말 그대로 귀신은 공포를 먹고 생겨났다고 할 수 있습니다.

◆ 귀신 목격담은 뇌가 사람 얼굴 찾기 선수이기 때문에 일어난다.

③ 진짜진짜 만약 귀신이 있다면?

 근데… 진짜진짜 만약에라도 귀신이 있다면요?

 이번엔 제가 두 손 들었어요. 어디 그럼 귀신이 있다고 가정해 보죠.

귀신이 있다고 믿는 증거는 수많은 사람들의 증언입니다. 많은 사람이 말하는 귀신의 공통적인 특성은 뭐가 있을까요? 둥둥 떠다니고, 여기저기 통과하는 능력이죠.

이런 능력들을 모아 보면 상상을 하나 해 볼 수 있어요. 귀신은 우리와 다른 차원의 존재가 아닐까? 그럼 아마도 귀신은 중력 같은 물리 법칙에 영향을 받지 않는 존재일 수 있습니다.

중력은 물체끼리 서로 당기는 힘이라고 했죠? 물체를 이루는 물질의 고유한 양인 질량이 있으면 모두 중력이 있어요. 우리가 여기 있는 것도 지구가 우리를 힘껏 끌어당기고 있기 때문이죠. 우리만이 아니라 질량이 있는 땅과 자동차, 책상, 공기까지 전부 중력의 영향을 받습니다.

♦ 귀신의 특징:
    중력의 영향을 받지 않는다.

중력의 영향을 받지 않는 귀신에게는 불행하게도, 지구는 가만히 있지 않아요. 우리가 느끼지 못할 뿐 지구는 계속 움직이거든요. 팽이처럼 제자리에서 돌기도 하고, 태양 중력에 끌리면서 앞으로 나아가며 타원의 궤도를 그리기도 합니다. 제자리에서 도는 현상을 자전, 다른 천체 주위로 궤도를 따라 도는 것을 공전이라고 하죠. 우리나라 기준 자전 속도는 약 1,336km/h이고, 공전 속도는 무려 107,136km/h…! 자전은 스러스트 SSC보다 빠른 데다가 공전은 서울에서 부산까지 단 2분이면 도착할 수 있는 속도예요.

◆ 우리나라 기준 지구의 자전 속도 = 약 1,336km/h
◆ 지구의 공전 속도 = 107,136km/h

둘을 합친 속도까지는 계산하지 않을게요. 이미 충분히 빠르게 움직이고 있으니까요. 지구라는 놀이기구에 안전 바도 없이 타고 있다고 생각하면, '휘리릭'도 아니고 '쌔앵' 하고 날아가 버리겠죠? 우리를 붙잡아 주는 안전 바 역할을 하는 게 바로 중력입니다.

그런데 중력의 영향을 안 받는 귀신이 우리 눈앞에 있다고요? 그건 귀신이 거기 있기 위해 끊임없이 지구의 자전과 공전을 따라서 달리고 있다는 거예요. 말하자면 롤러코스터를 탄 친구 옆에서 같이 뛰는 느낌이랄까? 그 정도 열정으로 제 앞에 나타나면 저도 두 손 들고 인정할게요. 열정으로 될지는 모르겠지만요.

④ 귀신의 수난은 끝나지 않는다

 그럼 지박령은 1년 동안 지구가 돌아오길 기다리는 거군요!

 이 얘긴 안 하려고 했는데 사실 귀신에게 우주는 더 가혹하답니다.

자전과 공전은 지구만 하는 것이 아니에요. 지구뿐만 아니라 대부분의 천체는 중력의 영향으로 자전과 공전을 합니다. 태양도 마찬가지죠. 태양계가 속한 우리 은하의 중심을 태양이 공전하는 속도는… 781,200km/h죠. 그래서 태양의 움직임을 반영해 태양계 행성들의 공전 궤도를 그리면, 옆의 그림처럼 나선형으로 돌면서 뻗어 가요. 즉 1년이 지나더라도 지구가 있는 곳은 지박령이 기다리고 있는 1년 전의 그 자리가 아니라는 거예요.

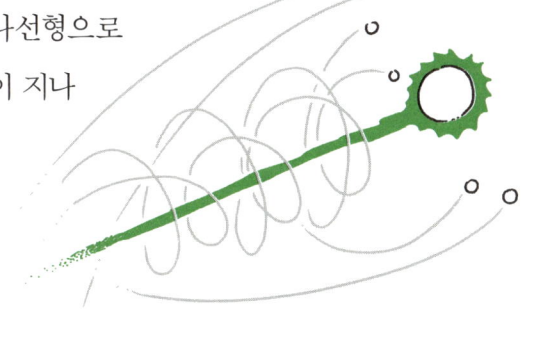

◆ 지구는 태양과 함께 자전과 공전을 해 1년이 지나도 제자리로 돌아오지 않는다. 지구가 돌아오길 기다리는 귀신은 우주 미아가 될지도?

점점 더 우리 앞에 귀신이 나타나기 어려운 게 확실해 보이죠? 그 어려운 걸 우리는 중력 덕분에 숨 쉬듯이 쉽게 하고 있습니다. 당연하다는 듯이 친구와 약속을 잡고 편의점 앞에서 만나는 것처럼 말이죠. 하지만 귀신 입장에서는 우리 앞에 모습을 보이려면 피나는 노력과 머리가 터질 듯한 계산을 거쳐야 합니다. 물론 귀신은 피도 없고, 머리가 터지지도 않겠지요? 어쩌면 귀신이라 그럴 일이 없어서 가능한 걸지도 모르겠네요.

귀신이 우리 앞에 나타났다는 건, 중력의 도움도 없이 우리처럼 그 위치를 지키고 있다는 거예요. 특히 아까 말한 지박령은 1년마다 나오는 것도 아니고 같은 장소에 계속 존재합니다. 그곳에 간 우리 입장에서는 지평 좌표계가 고정돼 있는 셈이죠.

지평 좌표계는 관측자의 위치와 바라보는 방향(지평)을 기준으로 천체의 위치(좌표)를 나타내는 방법이에요. 예를 들어 '지금 내가 동쪽 하늘 45도 높이에 있는 별을 봤다'처럼요.

그래서 저는 귀신을 너무너무 만나고 싶어요. 왜냐고요? 궁금한 게 너무 많으니까요! 지구의 공전과 자전, 태양의 공전으로 인한 태양계의 움직임까지 따라잡아 쫓아오고 있다는 거잖아요. 슈퍼컴퓨터의 도움 없이 실시간으로 계산해 낸다는 게 얼마나 대단해요! 귀신의 발견이 다른 의미로 어마어마한 과학의 발전을 가져올 수도 있는 거죠. 만약 정말 귀신이 있다면, 미래의 자산은 슈퍼컴퓨터나 인공 지능이 아니라 귀신이 될 수도 있을 거예요. 심지어 귀신은 슈퍼컴퓨터와 달리 전기도 필요하지 않으니까 그야말로 꿈의 에너지! 아, 하지만 이미 돌아가신 분들이니까 일단 존경을 담아 인사를 하는 게 좋을지도 모르겠네요.

저는 귀신을 만나면 먼저 이렇게 질문하겠습니다.

"실례지만, 어떻게 지평 좌표계로 고정하셨죠?"

> 말장난처럼 보일 수 있지만 귀신을 과학적으로 파헤치는 이 과정 자체가 사실 과학을 알아야 하는 이유이기도 해요. 모르는 것과 두려운 감정을 과학을 통해 극복할 수 있는 거죠. 귀신이 무서운 친구들은 이 문장을 기억하세요.
> "어떻게 지평 좌표계로 고정하셨죠?"

♦ 더 알아보기 ♦

궤도의 귀신 이야기 확장판

누군가 이렇게 물을 수도 있어요. 세상에는 다양한 귀신 이야기가 있는데 어떻게 지평 좌표계만으로 설명이 되냐고요. 그래서 이번엔 귀신 이야기 확장판으로 돌아왔습니다!

① 귀신이 곡할 노릇과 귀신 씻나락 까먹는 소리

'귀신이 곡할 노릇'은 이해할 수 없는 일이 있을 때 쓰고, '귀신 씻나락 까먹는 소리'는 이치에 맞지 않는 말을 의미합니다. 곡을 한다는 건 큰 소리로 운다는 뜻이고, 씻나락은 벼의 씨를 말해요. 귀신이 울고, 밥을 먹는다는 거죠.

그런데 증언에 따르면 귀신은 여기저기를 통과하고, 뿅 하고 나타날 수 있어요. 실체가 없기 때문에 가능한 일이죠. 그러나 소리를 내고 밥을 먹으려면 실체가 있어야 하죠. 생전에 소리를 내는 성대나 소화 기관이 있었다고 해도 귀신이 된 후에는 공기를 진동시킬 수도, 음식을 입으로 넣을 수도 없어요.

그러니까 이 속담들은 발성 기관이 없는 귀신이 소리를 낼 정도로 이해할 수 없고, 소화 기관이 없는데 음식을 먹는 정도로 이치에 안 맞는 말을 뜻해요. 옛날 사람들도 귀신의 정체에 대해서 우리만큼 깊게 생각해 봤다는 뜻 아닐까요?

② 귀신이 씐다면?

귀신이 씐다는 건 다른 사람의 영혼이 몸에 들어오는 걸 말해요. 이걸 빙의라고 부르는데, 이게 실제로 일어난다면 과학계에는 쓰임새가 많을 거예요. 제 생각 한번 들어 볼래요?

빙의는 '주차'랑 비슷해요. 다른 사람의 영혼(차)이 내 몸(주차 자리)에 들어오는 거죠. 사람들의 몸에 세기의 천재 아인슈타인이나 뉴턴 같은 사람들의 영혼을 불러올 수 있다면 어떨까요? 이들을 한데 모아서 토론회나 과학 경진 대회를 열면 세상은 순식간에 발전할 수 있겠죠!

점점 더 귀신을 만나고 싶어지는데요! 아, 물론 그 영혼들이 들어올 몸을 가진 분들은 국가적으로 극진히 대우해 줘야겠죠. 과학 발전에 큰 기여를 하시는 거잖아요!

교과 연계
초등 과학 3학년 2학기 3단원 《소리의 성질》
초등 과학 6학년 2학기 4단원 《우리 몸의 구조와 기능》

2장

동화 속 주인공을
위험에 빠트리는 질문들

1화
피노키오: 거짓말하면 왜 코가 길어질까?

① 거짓말할 때 우리 몸이 겪는 일

피노키오가 과학이라고요?
이번엔 그냥 하는 말이죠?

피노키오는 사실 과학적으로
꽤 그럴 듯한 설정이랍니다.

거짓말하는 상황을 생각해 봅시다. 그럴 듯한 거짓말을 꾸미기 위해 머리도 써야 하고, 마음 약한 사람이라면 거짓말이 들킬까 불안할 겁니다. 많은 사람은 이런 상황을 스트레스로 느껴요. 몸과 마음이 긴장하는 거죠.

이런 때 몸속 균형의 수호자, 자율 신경계가 반응합니다. 자율 신경계는 교감 신경과 부교감 신경을 이용해 몸의 상태를 일정하게 유지시키거든요. 스트레스를 받으면 교감 신경이 바로 비상벨을 울려요. 그러면 심장이 빨리 뛰면서, 언제든 움직일 수 있게 몸 여기저기로 피를 보냅니다. 스트레스 상황에 맞서서 싸우거나 도망치거나 어느 쪽을 선택하든 대처할 수 있게 준비하는 거예요.

♦ 거짓말 = 스트레스 상황
♦ 교감 신경의 작용으로 몸 여기저기에 피가 빠르게 보내진다.

이 원리로 생기는 현상이 피노키오 효과예요! 피노키오 효과는 원래 거짓말할 때 코 주변의 온도가 올라가는 현상을 가리키는 말이었어요. 스페인의 심리학자들이 거짓말하는 사람들의 코와 코 안쪽 근육이 뜨거워지는 걸 발견했거든요. 그런데 얼마 지나지 않아 정반대의 연구 결과도 나왔죠. 중요한 사람에게 전화로 거짓말하는 상황에서 코와 손의 온도가 오히려 내려가는 겁니다. 거짓말할 때마다 코의 온도가 변하다니 어떻게 그럴 수 있을까요?

♦ 피노키오 효과: 거짓말을 하면 코의 온도가 변한다.

앞에서 얘기했던 거짓말 상황을 다시 생각해 보죠. 먼저 머리를 써서 거짓말을 그럴 듯하게 꾸며 내는 경우입니다. 머리를 쓰려면 뇌가 많이 일해야겠죠. 피를 머리로 많이 보내야 하는 겁니다. 그러면서 얼굴, 특히 코에도 피가 쏠리고 온도가 올라가는 거예요.

반대로 거짓말이 들킬까 불안한 경우는 어떨까요? 너무 긴장하면 얼굴이 새하얗게 되기도 하잖아요. 교감 신경의 작용으로 몸의 끝부분에는 피가 느리게 가서 그래요. 그러다 보면 코에도 피가 적어져 코의 온도가 내려갈 수 있어요.

♦ 머리를 쓰는 거짓말을 하면 코의 온도가 올라갈 수 있다.
♦ 거짓말이 들킬까 긴장하면 코의 온도가 내려갈 수 있다.

<몽스터즈 손오공을 소개합니다>

나는 세계 최강 원숭이다!

특 징 1

머리 위에 반짝이는 금고아 착용

특 징 2

언제 어디서든 부르면 날아오는 근두운 보유

30초로 보는 몽스터즈

② 피노키오에게도 피노키오 효과가?

헉. 그럼 피노키오의 코가 길어지는 것도 피노키오 효과와 관련이 있을까요?

맞아요. 피노키오의 특징과 크게 관련이 있죠.

피노키오는 말하고 움직일 수 있는 나무 인형이에요. 피노키오를 만든 제페토 할아버지의 속을 썩이기도 하지만 지금은 중요하지 않죠. 중요한 건 피노키오가 나무라는 겁니다.

나무는 속에 든 수분, 즉 물에 민감하게 반응해 부피가 변합니다. 수분이 많아지면 부피가 늘어나고, 적어지면 부피가 줄어들죠. 여기서 온도가 수분에 영향을 줄 수 있어요. 온도가 높아지면 나무의 수분이 날아가서 부피가 줄어들어요. 온도가 낮아지면? 반대로 수분이 많아져서 부피가 늘어날 수 있습니다. 이 현상이 피노키오의 코에서도 일어나려면 코의 온도 변화가 상당히 커야겠지만 말이죠.

◆ 온도가 수분 양에, 수분 양이 나무의 부피에 영향을 준다.

◆ 온도 상승 → 수분 감소 → 부피 감소

◆ 온도 하락 → 수분 증가 → 부피 증가

동화 《피노키오》에서 피노키오는 거짓말할 때마다 코가 늘어났죠? 그걸 보면 피노키오는 코의 온도가 떨어졌을 거예요. 여기서 피노키오의 성격까지 알 수 있죠. 피노키오는 거짓말할 때 들킬까 봐 불안감이 컸나 봐요. 하지만 만약 피노키오가 잘못된 길로 가서 반성 없이 끝까지 제페토 할아버지의 속만 썩였다면 어떻게 됐을까요? 결국 거짓말에 익숙해져서 거짓말을 꾸며 내려고 머리를 쓰느라 피노키오의 코는 거짓말을 할수록 오히려 줄어들지도 몰라요!

♦ 피노키오 = 나무 인형
♦ 피노키오의 코는 피노키오 효과에 의해 늘어날 수도 있고, 오히려 줄어들 수도 있다!

③ 피노키오 vs 거짓말 탐지기

이제 누가 거짓말하는지 볼 때 코만 유심히 봐야겠어요!

하하하, 안타깝게도 피노키오 효과를 눈으로 확인하기는 좀 어려워요. 하지만 세상에 비밀은 없죠.

　피노키오 효과를 눈으로 직접 확인하기는 어렵지만 다른 방법을 쓸 수 있습니다. 거짓말할 때 우리 몸은 스트레스를 받는다고 했어요. 그럼 스트레스를 받을 때 몸에 일어나는 변화를 찾아내면 거짓말하는 중인지 아닌지 알 수 있겠죠.

　자율 신경계가 그 열쇠예요. 교감 신경이 일단 비상벨을 울리면 몸은 연결돼 있으니 온몸이 비상 상황에 대비해야 하죠. 이때 혈압, 호흡, 심장 박동, 심지어는 피부에 흐르는 땀의 양까지 미묘하게 달라집니다. 이 반응들을 동시에 측정하는 기계가 바로 거짓말 탐지기예요. 이 기계에는 여러 개의 센서가 달려 있어서 몸의 반응이 평소와 다르면 '뭔가 숨기고 있군!' 하고 판단하죠.

◆ 거짓말 탐지기는 말하는 사람의 혈압, 호흡, 심장 박동, 피부에 흐르는 땀의 양에서 이상 반응을 찾는다.

그럼 피노키오가 거짓말할 때, 거짓말 탐지기에는 어떻게 나올까요? 이전 이야기들을 떠올려 봅시다. 피노키오도 거짓말할 때 몸이 반응해요. 하지만 몸이 나무로 이루어져 있는 게 특징이죠. 나무는 진동은 잘 흡수하고, 열과 전기는 잘 전달하지 않는 특성이 있어요. 그래서 피노키오는 혈압도 호흡도 심장 박동도 땀도 측정 불가로 나와요. 거짓말을 해도 절대 탐지되지 않는 완벽한 거짓말쟁이죠. 하지만 단 하나! 코는 반응합니다. 피노키오의 거짓말 여부를 판단하려면 코의 온도와 길이만 보면 되는 거죠.

그런데 거짓말 탐지가 이렇게 간단할까요? 거짓말 탐지기는 유명세와 달리 사실 빈틈도 분명해요. 거짓말 탐지는 '거짓말 = 스트레스'라는 가정이 바탕이에요. 이렇게 생각해 볼 수 있겠죠. 만약 진실된 사람이 너무 억울해서 스트레스를 받으면? 반대로 너무 거짓말에 익숙해서 거짓말이 하나도 스트레스가 아닌 사람이라면? 거짓말 탐지기가 이 사람들의 마음을 파악할 수 있을까요? 대답은 '아니오'입니다. 자칫하다가는 진실은 거짓으로, 거짓은 진실로 판정될 수도 있겠죠. 실제 법정에서 거짓말 탐지기의 기록을 증거로 삼기 힘든 이유예요. 대신 참고 자료 정도로 사용되죠.

그래서 최근에는 뇌파와 시선까지 함께 분석하는 기술을 연구하고 있어요. 뇌파를 분석해서 이 사람이 상상해서 꾸며 내는 건지 실제로 겪은 일을 떠올리는 건지 더 제대로 확인하려는 거죠.

◆ **거짓말 탐지기의 빈틈**: 다른 이유로 스트레스를 느끼거나
거짓말이 스트레스가 아니라면,
거짓말을 정밀하게 구분할 수 없다.

✏️ 《피노키오》에는 이런 말이 나옵니다. "세상에는 두 가지 거짓말이 있다. 다리가 짧아지는 거짓말과 코가 길어지는 거짓말." 사람들은 이를 두고 거짓말이란 오래가지 못하고 금방 들통난다는 뜻으로 해석합니다. 저는 여기에 한 마디를 추가하고 싶어요. "그 모든 거짓말을 밝혀내는 것은 과학이다."

◆ 더 알아보기 ◆

피노키오의 현실 닮은꼴

피노키오는 동화 속 존재지만 그와 비슷한 피노키오 효과는 실제로 있었어요. 현실에서 피노키오와 비슷한 특징을 가진 것들은 또 무엇이 있을까요?

① 피노키오처럼 감정을 가진 로봇이 있을까?

피노키오는 제페토 할아버지가 만든 나무 인형이에요. 인형이 말도 하고 움직이기도 하니 마치 로봇 같죠. 실제로 로봇이 피노키오처럼 감정을 가질 수 있을까요?

최근 이 주제로 논의를 불러온 게 미국에서 공개된 로봇, 옵티머스 젠 2와 모바일 알로하였어요. 이 로봇들은 마치 거짓말 탐지기처럼 사람의 표정, 목소리, 행동을 인공 지능으로 분석해 감정을 추정해요. 거기에 맞춰서 위로하는 등의 반응을 돌려주는 인공지능 프로그램도 들어 있죠. 이런 프로그램은 인간의 감정을 흉내 낸 거예요. 아직은 불완전하지만 만약 기술이 더 발전해서 진짜 사람과 구분할 수 없게 행동하는 로봇이 개발된다면 어떨까요? 우리는 그때 감정을, 혹은 로봇을 새로 정의해야 할지도 몰라요. 생각만 해도 떨리네요!

② 나무가 피노키오처럼 말을 할 수 있을까?

보통 나무 하면 말 없이 듬직하게 자리를 지키는 이미지를 떠올리곤 합니다. 하지만 식물도 주변 환경에 민감하게 반응하는 생명체예요. 잎이 다치거나 건조한 환경에 놓이면, 이 자극을 뿌리와 다른 잎으로 빠르게 전달합니다. 마치 사람의 몸에서 교감 신경이 비상벨을 울리는 것처럼요. 심지어 공기 방울 터지는 듯한 소리를 내기도 합니다. 물론 사람은 들을 수 없는 초음파니까 화분에 귀를 기울이고 있지는 마세요! 어쩌면 귀가 밝은 동물들은 식물의 소리를 듣고 위험을 알아차리는 등 이미 식물의 특성을 이용하고 있을지도 몰라요. 연구가 더 진행되면 식물을 키우는 집사들도 동물 집사들처럼 자신의 식물들과 더 가깝고 친밀하게 상호 작용할 수 있을지도 몰라요! 우리가 귀 기울이지 못했던 식물의 목소리를 언젠가 과학이 들려주는 날도 오겠죠?

 교과 연계
초등 과학 6학년 1학기 3단원 《식물의 구조와 기능》
중등 과학 1학년 1단원 《과학과 인류의 지속 가능한 삶》

① 산타는 얼마나 빠르게 선물을 배달할까?

 산타의 배달 속도를 계산하려면 먼저 정의할 것들이 있죠?

음… 어디서 어디까지 이동했는지?

 맞아요! 앞에서 배운 걸 기억하다니! 감동!

먼저 기본적인 정보를 정리해 볼게요. 국제적으로 합의된 유엔 아동 권리 협약에서는 0세부터 17세까지를 어린이라고 정의해요. 저도 마음만은 어린이지만 엄밀히 어린이가 될 수는 없죠. 여기에 따르면, 2023년 전 세계 어린이 수는 약 24억 명! 하루 만에 24억 명에게 선물을 돌린다고요? 이건 썰매 끌던 루돌프가 냅다 도망가도 이상하지 않을 정도죠!

다음으로 산타가 실제로 선물을 배달할 수 있는 시간은 얼마나 있을까요? 보통 아이들이 자는 시간인 밤 10시부터 새벽 6시까지, 딱 8시간쯤 되죠. 전 세계를 돌기엔 살짝 부족해 보이죠? 여기서 엄청난 무기가 등장합니다. 바로 날짜 변경선! 지구의 날짜가 바뀌는 기준선이죠. 산타가 이 근처에서 해가 지는 방향으로 계속 이동하면, 다음 나라에 도착할 즈음에는 밤이 이제 막 시작된 상태가 될 거예요. 그렇게 쭉 움직이면 어떻게 될까요? 밤이 계속 이어지는 것처럼 보이겠죠. 날짜가 바뀌기 전에 시작해서 바뀔 때까지 총 24시간만큼을 더 쓸 수 있으니 8시간에 더해 무려 32시간 동안 배달할 수 있게 됩니다! 자, 이제 본격적으로 계산해 볼게요. 산타는 32시간 동안 약 24억 명의 아이들에게 선물을 전달해야 합니다. 시간당 몇 명일까요?

♦ 24억 명 ÷ 32시간 = 약 7,500만 명/시간
♦ 1시간은 3,600초니까 7,500만 ÷ 3,600 = **초당 약 20,800명!**

최근에는 외동인 집이 많으니까 단순하게 한 집에 한 아이라고 생각하면, 산타는 1초마다 2만 개가 넘는 집에 선물을 줘야 해요.

이제 **썰매 속력**도 계산해 보죠. 아파트나 주택 같은 집의 종류, 안전 기준 등을 고려해 집과 집 사이를 대략 10m 간격으로 잡으면, 1초에 20,800가구를 방문하기 위해서는 208,000m, 즉 208km를 이동해야 해요. 초속 208km면 무려 748,800km/h! 이 숫자가 감이 안 온다고요?

♦ **소리** = 약 0.34km/s < **총알** = 약 0.4km/s < **썰매** = 208km/s

즉, 산타의 썰매는 소리보다 약 600배나 빠르다는 계산이 나옵니다. 이 정도면 루돌프가 아무리 요란하게 달려와도 그 소리가

뒤늦게 따라와요. 마치 제트기가 소리보다 빨라서 이미 지나간 뒤에야 '쾅!' 소리가 들리는 것처럼요. 이걸 소닉 붐 현상이라고 해요. 우리가 소리를 듣기도 전에 이미 산타는 지나가고 없을 수도 있죠.

그리고 더 중요한 사실, 이건 어린이들이 크리스마스에 꼭 지켜야 하는 건데요. 눈 깜짝할 사이에 '쏙, 쏙, 쏙' 수만 명의 집으로 선물을 정확하게 보내려면 거의 레이저로 쏜다고 봐야 돼요. 밤에 잠을 안 자고 거실에 돌아다니면, 선물에 맞아 운명을 달리할 수도 있습니다. 크리스마스이브에 꼭 자라고 하는 이유예요! 산타가 부끄러움을 많이 타서가 아니라 여러분의 안전을 위해서요!

♦ 산타의 썰매는 소리보다 600배 빠르다.

※주의: 레이저처럼 발사되는 선물에 맞지 않으려면 이브에는 꼭 잠을 잘 것…!

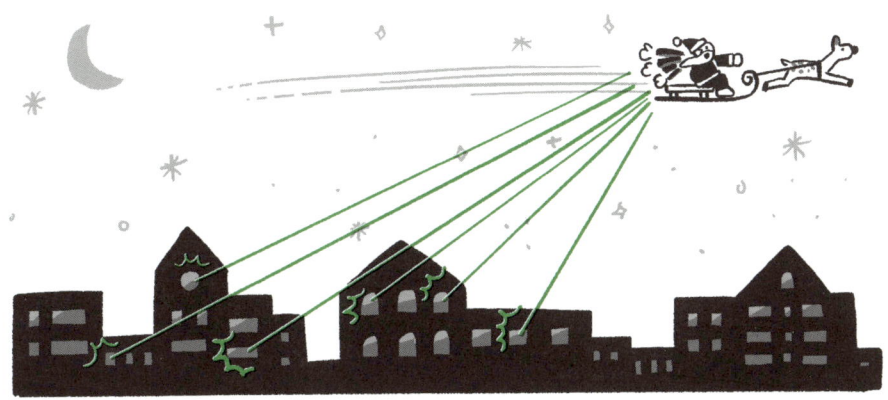

② 썰매를 끄는 루돌프의 정체는?

 썰매가 그렇게 빠르게 달리다가 불이 나거나 루돌프가 쓰러지면 어쩌죠?

 착하기도 하지. 비밀을 알면 걱정이 덜할 거예요.

산타 썰매가 초속 208km로 날아간다고 했죠? 이건 지구 대기권을 뚫고 들어오는 유성보다도 훨씬 빠릅니다. 이 정도로 빠르면, 썰매 표면이 엄청나게 뜨거워져요. 얼마나 뜨거워지냐면 일반적으로 1,500°C에서 최대 3,000°C까지 달아오릅니다.

이건 우주선이 지구로 돌아올 때 일어나는 현상인 단열 압축 효과 때문이에요. 물체가 너무 빠르면 앞의 공기가 빠져나가기도 전에 눌리고, 우주선이 앞으로 갈수록 갇혀 있는 공기끼리 빽빽하게 모여서 온도가 올라가는 현상이죠. 그래서 우주선 표면에는 열을 차단하거나 흡수하면서 한 겹씩 떨어져 나가는 특수한 재료를 사용해요. 산타 썰매도 마찬가지여야겠죠. 나무로 만든 수제 썰매? 안 됩니다. 순식간에 불타 버릴 거예요! 선물이 모두 타 버리기 전에 썰매 개조는 기본이에요!

◆ 엄청난 속력과 그로 인한 열을 견디려면, 썰매는 최소 우주선 재질로!

자, 이렇게 빠른 썰매를 끌어야 되는 순록들은 어쩌죠? 썰매가 748,800km/h로 달리는데, 순록의 최대 달리기 속력은 80km/h거든요. 육지에서 가장 빠르게 달린다는 치타도 최대 120km/h인데, 순록으로 소리보다 빠른 썰매를 끈다? 말도 안 되죠. 그럼 도대체 루돌프의 역할은 무엇일까요? 한번 과학적으로 추측해 봅시다.

아마도 루돌프는 뛰는 척만 하고 사실은 다른 역할을 하는 것 아닐까요? 바로 썰매 방향을 알려 주는 내비게이션! 순록의 눈은 여름에는 금빛, 겨울에는 짙은 푸른빛으로 빛나요. 푸르게 변한 눈은 사람은 못 보는 자외선을 더 잘 감지할 수 있죠. 덕분에 눈 덮인 겨울에도 하얀 지의류를 쉽게 찾아 먹을 수 있어요. 지의류는 자외선을 흡수해 어둡게 보이는 반면, 흰 눈은 자외선을 반사해 순록의 눈에도 하얗게 보이거든요. 동공을 확장해서 어두운 곳에서 희미한 빛을 감지하는 능력도 뛰어나니 크리스마스이브 밤, 앞장서서 길을 찾고 산타에게 "다음은 좌회전이에요~!" 이렇게 알려 주는 거죠.

게다가 전구처럼 반짝이는 빨간 코까지 있고, 만약 안테나처럼 생긴 커다란 뿔에 무선 송신 장치라도 달려 있다면? 그럼 이건 뭐… 하늘을 나는 데다가 길 안내까지 가능한 크리스마스 배달 전문 순록 드론인 거죠!

♦ 루돌프는 사실 순록 모양의 내비게이션 드론일 수 있다.

③ 산타의 배달 시간표, 물류 천재의 비밀 작전!

제가 산타라면 이 많은 어린이 중 누구한테 어떤 선물을 줄지도 고민이겠는데요?

그것도 산타의 대단한 점이죠!

산타는 매년 크리스마스이브에 전 세계 약 24억 개의 집에 선물을 배달해야 해요. 무작정 출발했다가는 지구 두 바퀴를 돌아도 끝이 없을 거예요. 이때 필요한 게 각종 공간 정보를 모은 지리 정보 시스템이에요. 산타는 목적지가 어느 나라에 있는지, 그 도시 이름은 뭔지, 집에 굴뚝은 있는지까지 미리 파악한 뒤 가장 빠르고 효율적인 길로 배달을 시작하죠. 이런 상황을 외판원 문제라고 불러요. 한 명의 직원이 여러 도시를 한 번씩만 들르고 돌아오는 가장 짧은 경로를 찾는 문제죠.

산타가 들러야 하는 약 24억 개의 집은 지구 여기저기에 퍼져 있어서 배달 경로를 계획할 때도 특별한 전략이 필요해요. 이름하여 물류 최적화 알고리즘! "올해 북유럽엔 눈이 많이 올 예정, 미국 아이들은 초저녁에 자니까 미국에 먼저 가야겠군!" 이런 식으로 거리에 더해 날씨, 시차까지 고려해서 인공 지능이 경로를 짜 주는 거예요. 산타 썰매는 전 세계적 실시간 배달 작전의 지휘 본부인 셈이죠!

또 "산타 할아버지는 알고 계신대~"라는 가사처럼 산타는 내 이름, 주소, 갖고 싶은 것 등을 어떻게 다 알까요? 비밀은 바로 빅데이터! 작년에 받은 선물, 올해 검색 기록, 부모님이 장바구니에 담아둔 쇼핑 목록 등 수많은 데이터를 싹 분석해서 "아! 작년엔 블록 좋아했는데, 올해는 공룡이군!" 착착 골라내는 거죠. 산타에게는 빅데이터를 기반으로 맞춤형 선물을 추천해 주는 슈퍼컴퓨터까지 있을지도 몰라요!

♦ 산타는 전 세계 어린이의 취향을 아는 슈퍼컴퓨터가 있을지도 모른다!

📝 산타 할아버지의 과학, 어땠나요? 산타 할아버지 얘기만으로도 이렇게 많은 과학을 설명할 수 있는데, 앞으로 우리가 얼마나 많은 과학적 얘기를 할 수 있을지 저는 너무 기대됩니다!

산타 분석 보고서

최첨단 썰매에 순록 드론과 슈퍼컴퓨터까지 있고 선물을 레이저처럼 쏘는 산타, 정말 멋지죠! 그런데 아직 산타에 대해 더 궁금한 사람? 저요!

① 산타의 선물 예산은 얼마일까?

산타가 선물을 줘야 하는 어린이는 약 24억 명이에요. 장난감 평균 가격을 약 2만 원으로 가정하면, 선물 구입에 들어가는 총 비용은 얼마일까요? 2만 원 × 24억 명 = 48조 원! 게다가 포장비, 배송비, 순록과 요정 월급, 썰매 유지비, 창고 전기료, 빅데이터 서버 비용까지 다 더하면 최소 50조 원을 훌쩍 넘겠어요. 참고로 미국 최대 온라인 쇼핑 업체 아마존의 2018년 1년 배송비가 37조 원이에요. 산타는 전 세계에 물건을 나르는 아마존보다 많은 돈을 매년 '혼자' 씁니다! 산타 할아버지가 우리를 위해 이렇게 노력해요.

② 산타의 건강 검진 결과는?

산타 할아버지 하면 어떤 모습이 가장 먼저 생각나요? 바로 덥수룩한 흰 수염과 붉은 얼굴, 두툼한 뱃살이죠. 이 모습을 바탕으로 대다수의 과학자는 산타에게 당뇨와 고혈압 위험이 있을 거라고 봐요.

하지만 산타가 엄청 건강할 거라고 추측하는 사람도 있어요. 일단 선물 배달을 32시간 동안 하려면 하루에 12,000kcal(킬로칼로리) 정도의 에너지를 써야 하는데, 이건 마라톤을 4회 뛴 수준과 같아요! 이 정도 활동량을 위해서는 물개 기름, 생선, 견과류 같은 고지방·고단백 식단이 필수죠. 또한, 눈 속에서 사는 덕분에 면역 세포도 강할 거예요. 실제로 극지 연구자들의 면역 세포는 바이러스 침입에 빠르게 반응한다고 해요. 게다가 엄청난 속도의 썰매를 조종하려면 전투기 조종사들만큼 빠른 반응 속도와 중력을 견디는 지구력이 필요해요. 음, 역시 산타는 미스터리한데요!

 교과 연계
초등 과학 5학년 2학기 4단원 《우리 몸의 구조와 기능》
중등 과학 2학년 6단원 《동물과 에너지》

① 보이는 것과 보이지 않는 것

 투명에 대해서 알려면 먼저 '본다'는 걸 이해해야 해요.

엥. 보는 거야… 보는 거죠…?

 과학은 당연한 것까지 의심해야 한답니다.

'본다'는 건 무엇일까요? 일단 빛이 있어야겠죠. 어두우면 아무 것도 안 보일 테니까요. 물체가 뿜거나 물체에 부딪혀 반사된 빛이 눈 안으로 들어옵니다. 이걸 뇌에서 파악해야 비로소 우리는 '어, 저건 고양이다!'와 같이 대상을 '보게' 돼요.

빛이 눈에 들어올 때 진행 방향이 꺾여 망막에 모이는데요. 이 렇게 다른 물질의 경계를 지날 때 빛의 진행 방향이 바뀌는 현상 을 굴절이라고 합니다. 눈에는 굴절시키는 정도인 굴절률이 다른 각막, 수정체 등이 있어서 빛이 망막에 잘 모이도록 해요.

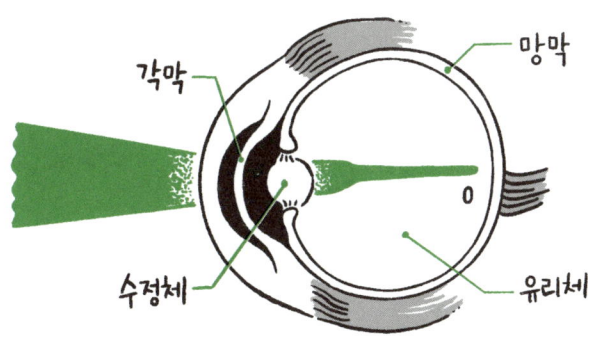

망막에는 광수용기라는 정밀한 세포들이 빽빽하게 모여 있습니다. 이 광수용기 안의 색소들은 빛을 감지하고, 그걸 전기 신호로 바꾸어 전달하는 특별한 역할을 해요. 시각 신경을 통해 뇌로 전해진 신호는 '이건 파란빛, 이건 노란빛' 이런 식으로 세상을 인식하는 데 도움을 주죠.

그렇다면 투명하다는 건 어떤 상태일까요? 유리가 너무 투명해서 부딪힐 뻔한 적 있나요? 부딪히면 아플 정도로 단단한 유리는 어떻게 그렇게 투명할 수 있을까요? 덮으면 배경만 보이고 사람은 보이지 않는 영화 〈해리 포터〉 시리즈의 투명 망토는요?

이처럼 과학에서 투명은 우리가 볼 수 있는 빛인 가시광선을 물질이 거의 흡수하지도, 흩뜨리지도 않고 통과시키는 성질을 말해요. 그래서 뒤쪽이 또렷하게 보이죠. 여기서도 중요한 것이 굴절률이에요. 정말 투명해지려면 물체와 물체 주변의 물질끼리 굴절률이 같아야 합니다. 물체와 주변 물질의 굴절률이 다르면 경계에서 빛이 꺾이거나 반사되어 유리컵 모서리처럼 윤곽이나 왜곡이 보일 수 있거든요.

♦ **본다**: 눈에 들어온 빛을 감지해 뇌가 인식하는 것.

♦ **투명하다**: 빛을 잘 통과시켜 뒤가 보이게 하는 것.

② 투명 인간, 좋기만 할까?

그럼 투명 인간은 뭐겠어요?
빛이 몸을 통과하는 사람이겠죠?

그런 것 같긴 한데….
뭔가 그게 끝이 아닌 것 같은데요?

앗, 들켜 버렸네요.
투명 인간을 더 파헤쳐 보죠.

앞에서 우리는 시각이 작동하는 과정을 알았어요. 빛이 굴절해 망막에 모여야 했죠. 눈을 이루는 모든 조직이 투명해진 데다가 주변과 굴절률까지 같다면 어떤 일이 벌어질까요? 빛이 그대로 스윽 통과하니까 굴절이 일어나지 않겠죠? 빛은 들어오지만, 그 어디에도 모이지 않고, 망막에 빛이 닿더라도 빛을 감지하는 색소들까지 투명하니 빛을 파악하지 못할 거예요. 그럼 뇌는 '지금 뭐 본 거 맞아?' 하고 시각 정보를 알 수 없게 돼요. 갑자기 앞이 전혀 보이지 않게 되는 거죠.

♦ 투명 인간은 눈도 투명.
♦ 우리도 투명 인간을 보지 못하지만, 투명 인간도 우리를 보지 못한다.

③ 투명 인간이 되는 다른 방법은 없을까?

 투명 인간이 되는 다른 방법은 없을까요?

 후후, 쉽진 않겠죠. 하지만 과학은 답을 찾을 거예요, 늘 그랬듯이!

영화 속 투명 인간은 스륵 사라지면 끝이지만, 현실은 생각보다 훨씬 복잡합니다. 여기서 발상의 전환! 시각은 물체가 내뿜거나 물체에 반사된 빛을 인식하는 거예요. 그럼 빛이 눈까지 오지 못하게 막는다면? 우리 눈에는 그 대상이 없는 것처럼 보이겠죠.

과학자들은 이렇게 생각했죠. '빛이 사람을 빙 돌아가게 만들 수는 없을까?' 여기서 나온 아이디어가 메타물질이라는 특별한 기술입니다. 메타물질이란 자연에서는 불가능한 정도로 빛의 경로를 조작할 수 있는 인공 물질이에요. 이 물질을 정교하게 설계하면, 빛이 장애물을 돌아가듯 꺾이게 만들 수 있어요. 그러면 반사광이 없어져 뒤쪽 배경에서 오는 빛만 보이게 되는 거죠. 마치 거기에 아무도 없는 것처럼요! 이 기술이 발전하면, 레이더에 걸리지 않는 전투기나 놀라울 만큼 얇은 렌즈를 만들 수 있어요. 스마트폰 뒤쪽에 툭 튀어나온 카메라를 볼 날도 얼마 안 남았다는 거죠. 만나서 힘들었고 다신 보지 말자~.

여기서 최근 발견된 투명 비법을 소개합니다. 바로 피부를 염색하는 거예요. 장난이냐고요? 일단 설명을 들어 보시죠.

피부는 구성 요소들의 굴절률이 제각각이라 빛이 그대로 통과하지 못하고 이리저리 흩어져요. 이런 현상을 산란이라고 하죠. 특히 수분과 지방은 피부 속에 양도 많고, 굴절률이 크게 달라 산란을 일으켜 피부를 불투명하게 하는 주 요인이죠.

여기서 굴절률 해결사, 염료가 등장합니다. 피부 속 수분에 섞여 들어서 수분과 지방의 굴절률을 비슷하게 해 주죠. 이제 피부에 스며든 염료 덕분에 빛의 산란이 줄게 돼요. 완벽한 투명은 아니고 빛이 일부 흡수되면서 살짝 붉은색을 띠긴 하지만요. 과학자들은 이 방법으로 쥐의 장기를 맨눈으로 보는 데 성공했다고 해요.

더 연구되면 투명 인간은 몰라도 투명 피부 인간 정도는 가능하겠는데요? 대신 몸속의 장기와 뼈를 다 보여 줘야 해요. 으스스한 핼러윈 분장처럼 말이에요!

♦ **투명 인간 되는 법**: 메타물질로 몸을 감싸기. 혹은 온몸을 염색하기

> ✏️ 투명 기술이 발전하면 언젠가는 자동차, 건물, 심지어 사람도 보이지 않게 숨길 수 있는 시대가 올지도 몰라요. 지금은 어려워 보여도 과학자들은 창의적인 방법을 찾겠죠!

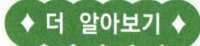

투명 생명체로 살아남기

우리는 언젠가 투명 인간이 될 수 있을까요? 그런데 자연에는 이미 투명해 보이는 동물들이 있어요! 자세히 살펴보면 각자의 방법이 있답니다.

① 투명 인간은 없어도 투명 생물은 있다!

유리개구리는 배 쪽 피부가 거의 투명해서 심장이나 장기까지 보입니다. 등 쪽은 옅은 초록색이라 나뭇잎 위에 올라가면 자연스럽게 배경에 녹아 들어 사라진 것처럼 보여요.

투명한 해파리는 몸의 대부분이 수분과 젤리 같은 물질로 되어 있어 빛이 거의 산란되지 않아요. 빛이 몸을 그냥 통과하거나 살짝 꺾이기 때문에 물속에서는 거의 안 보이죠.

이 둘은 투명하다는 것 외에도 공통점이 있어요. 바로 '눈은 절대 감추지 않는다.' 살아남으려면 두 눈 크게 뜨고 세상을 봐야 하니까요!

② 투명할 필요가 있어? 못 알아차리기만 하면 되지!

몸이 투명하면 사실 불리한 점도 많습니다. 물속이 아니고서야 빛의 각도가 조금만 틀어지면 금방 들켜 버려요. 또 자외선을 차단하려면 피부에 색소가 꼭 필요하죠. 그래서 다른 동물들은 투명해지는 것보다 주변 배경을 따라 하는 방식을 사용합니다.

호랑이의 트레이드 마크인 선명한 주황색 털과 검은 줄무늬. 저렇게 화려한데 어떻게 사냥을 하지? 싶었다면 주목! 이 화려한 색깔은 사실 사슴, 멧돼지 같은 동물에게만 안 보여요. 이들은 사람과 달리 색깔을 두 가지로 인식하는데요. 이들에게 호랑이의 주황색은 초록색과 비슷하게 보인답니다. 주변 식물과 구분이 어려워지는 거죠. 호랑이 같은 포유류는 초록색 털을 진화시키기 쉽지 않아서 에너지는 적게 들지만 효과는 동일한 방법을 찾은 거예요.

바다의 문어와 오징어는 감쪽같은 위장 전문가예요. 피부에 있는 다양한 색깔의 색소 세포를 오므렸다 펼치며 주변의 색깔을 흉내 내죠. 게다가 피부에 난 근육 돌기를 올렸다 내리면서는 주변 환경의 질감까지 따라 할 수 있어요. 바위, 산호, 모래 등 어디에 있든 완벽하게 녹아들죠. 심지어는 유연한 몸을 활용해 다른 동물의 모양이나 움직임을 흉내 내기도 해요.

교과 연계
초등 과학 3학년 1학기 2단원 《동물의 생활》
초등 과학 4학년 2학기 2단원 《생물과 환경》

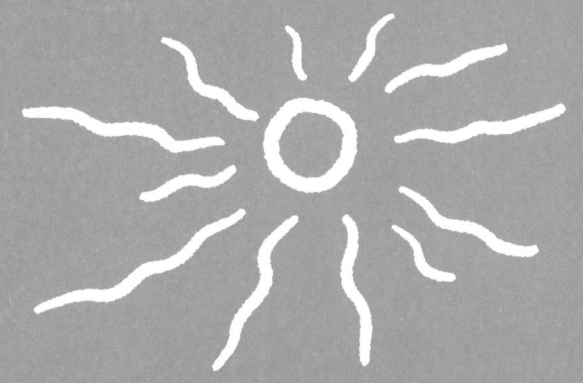

3장

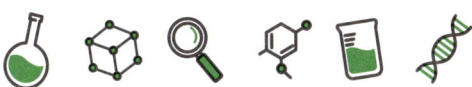

생활 속에서 떠오르는
엉뚱한 질문들

① 거울 속의 나는 '지금'의 내가 아니라고?

 거울 속의 저는
아무리 봐도 저랑 똑같은데요?

저와 함께 생각해 보면
아니라는 걸 알 수 있을 거예요.

거울을 보면 마치 지금 이 순간의 나를 보고 있는 것 같죠. 눈을 깜빡이면 거울 속 나도 '즉시' 눈을 깜빡이고, 손을 들면 거울 속 나도 '동시에' 손을 드니까요. 거울이 마치 실시간 중계 화면처럼 느껴지죠. 하지만 파고들어 보면 그건 착각이에요!

빛은 1초 동안 약 300,000km를 이동합니다. 1초 만에 지구를 일곱 바퀴 반 돌 수 있을 정도로 빠르죠. 그렇지만 목적지에 즉시 도착하는 '순간 이동'은 아닙니다. 굉장히 짧지만 시간이 걸린다는 뜻이죠. 만약 거울이 나에게서 1m 떨어져 있다고 생각해 볼까요? 내 얼굴에서 반사된 빛이 거울까지 갔다가 다시 반사되어 돌아오는 데에는 약 0.0000000067초, 즉 6.7나노초가 걸려요.

◆ 1m 떨어진 거울에 반사된 빛이 돌아오는 데 걸리는 시간: 약 6.7나노초

나노초: 1초를 10억(1,000,000,000)으로 나눈 시간

눈을 한 번 깜빡하는 약 0.2초가 2억 나노초입니다. 사실 이것도 그야말로 순식간이죠. 그런데 이보다도 훨씬 짧은 시간밖에 안 걸리니 우리는 거울 속 '6.7나노초 전의 나'를 보고 '지금의 나'라고 착각하는 거예요.

과학에서는 빛의 속도 때문에 실제보다 늦게(지연) 보이는 모습(상)을 지연된 상이라고 말해요. 물론 6.7나노초는 우리가 '지연'을 깨닫기에는 너무 짧은 시간이에요. 하지만 상상해 보면 조금 짜릿하죠. 우리가 거울을 보는 순간 과거의 나와 눈을 맞추고 있다니! 즉, 거울은 단순히 나를 보여 주는 도구가 아니라 작은 타임머신이라고 할 수 있는 거예요.

◆ 거울 속 나는 언제나 빛이 다녀온 잠깐의 과거에 살고 있다!

② 지연 거울 만드는 법 1: 거울과 거리 두기

흠…. 사람이 알아챌 정도로
뒤늦게 움직이는 거울을 만들 수는 없을까요?

오. 역시 끝이 아닐 줄 알았죠.
사실 아주 간단한(?) 방법이 있답니다.

사람이 지연된 상을 느낄 수 있는 거울을 지연 거울이라고 할 게요. 지연 거울을 만드는 비법은 역시나 빛에 있습니다. 굉장히 간단하죠. 빛도 오가는 데 오래 걸릴 만큼 거울을 멀리 놓으면 돼요! 지연은 빛이 움직이는 시간만큼 생기기 때문에 거울이 멀면 멀수록 그 시간차는 커집니다.

일상에서는 그 정도로 멀리 있는 물체를 찾기 어렵지만 우주로 가면 다르죠. 예를 들어 볼까요? 바로 달입니다. 아폴로 11호, 14호, 15호의 우주 비행사들은 달에 거울처럼 생긴 반사 장치를 설치했어요. 지구에서 여기에 레이저를 쏘고, 반사된 레이저가 돌아오는 데 걸린 시간을 재면 거리를 알 수 있죠. 그 결과는 왕복 약 2.6초. 그 절반인 1.3초를 빛의 속도(초속 약 300,000km)에 곱하면, 달과 지구 사이의 거리는 약 390,000km입니다.

♦ 빛의 속도를 이용하면 천체와의 거리를 알 수 있다.

우주 비행사들이 달에 놨던 반사 장치가 우리가 만들고 싶어 했던 지연 거울인 거죠! 달뿐만 아니라 우주에 떠 있는 인공위성과 태양, 수많은 별도 굉장히 멀리 있어서 그 자체로 지연 거울인 셈입니다. 심지어 그것들이 폭발한다고 해도 우리는 몇 초, 거리에 따라서는 몇 년이 지나서야 그 장면을 볼 수 있죠. 만약 지연 거울에 자기 모습을 비춰 보고 싶은 친구가 있다면, 거울을 지구 밖에 설치해야 한다는 이야기입니다. 물론 거울은 망원경으로 봐야겠죠?

◆ 지연 거울 만드는 법 1: 빛도 왕복하는 데 오래 걸릴 만큼 먼 거리에 거울을 두고 관찰하기.

단, 거리를 둬도 너무 둬야 함. 무려 지구 밖까지!

달의 거울처럼 빛이 이동하는 데 걸리는 시간으로 거리를 측정하는 원리는 이미 널리 활용되고 있어요. 앞에서 말한 천체와의 거리 계산이나 레이저 거리 측정이 대표적이죠. 또 지도 앱도 위성이 보낸 전파가 스마트폰에 도착하는 데 걸린 시간을 바탕으로 내 위치를 알아낸답니다.

③ 지연 거울 만드는 법 2: 빛의 움직임 방해하기

 지구 밖이요?
전혀 간단하지 않잖아요~!

 후후후. 그렇죠.
그럼 이번엔 조금(?) 어려운 방법을 소개해 볼게요!

　지연 거울을 만들 때 조정할 수 있는 건 두 가지가 있어요. 하나는 거울과 나의 거리, 다른 하나는 바로 빛의 속도! 잠깐, 빛의 속도를 맘대로 바꿀 수 있냐고요? 좋은 질문이에요! 이제부터 굉장히 재밌어지죠.

　빛도 지나는 물질에 따라 속도가 달라집니다. 우리가 땅에서보다 물속에서 달릴 때 더 느린 것처럼 말이죠. 아무것도 없는 진공에서는 빛이 무엇과도 상호 작용할 수 없어 최대 속도로 가요. 하지만 물이나 유리 같은 물질 속에서는 그 물질의 구성 요소들과 상호 작용하느라 방해를 받아 속도가 느려지죠.

◆ 빛도 지나는 물질에 따라 속도가 달라진다.

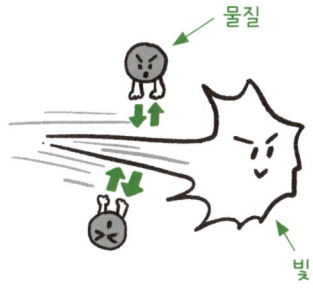

이렇게 물질에 따른 빛의 진행 속도 차이 때문에 굴절이 발생해요. 그래서 두 물질의 경계면에서 빛이 얼마나 꺾이는지를 나타내는 굴절률은 빛의 속도가 얼마나 변하는지를 가리키기도 하죠.

♦ 굴절: 물질에 따른 빛의 속도 차이 때문에 빛이 꺾이는 현상
♦ 굴절률: 두 물질의 경계면에서 빛이 꺾이는 정도
　　　혹은 두 물질의 경계면에서 빛의 속도가 변하는 정도

그럼 굴절률을 높이면 빛의 속도를 느리게 만들 수 있겠네요! 놀랍게도 우리와 같은 아이디어에서 시작한 연구가 이미 있어요. 빛을 제어하는 연구죠. 우리도 이 연구를 따라갈 거예요.

먼저, 루비듐이라는 금속을 뜨거운 증기 상태로 만들어서 특수 처리된 상자에 넣어요. 루비듐은 레이저에 잘 반응해서 빛 연구에 자주 쓰이죠. 포인트는 여기에 강력한 제어 레이저를 쏜다는 점! 이 레이저가 루비듐의 상태를 변화시켜 굴절률을 높입니다. 그 영향으로 빛은 상자 속의 증기를 매우 느리게 지나갈 수 밖에 없어요. 마치 빛이 슬로우 비디오처럼 느려지는 길이 만들어진 거죠.

이 실험은 손가락 한 마디나 될까 싶은, 굉장히 작은 크기에서나 가능하지만 루비듐 증기 상자에 우리와 거울이 같이 들어간다고 생각해 보자고요. 하지만 막상 들어가면 당황할지도 몰라요. 몸을 움직여 봐도 거울에서 시간차가 느껴지지 않을 테니까요.

빛이 느려지는 곳은 제어 레이저가 만든 길뿐이에요. 이 길은 너무 좁아서 우리에게서 반사된 빛 전체가 지나가기는 힘들 거예요. 우리에게서 반사된 빛은 복잡하고, 색이 다양하니까요.

아직 포기하긴 일러요. 제어 레이저보다 약하고 가느다란 레이저를 빛이 느려지는 길에 정확히 맞춰서 거울에 발사! 오, 레이저가 거울에 한 박자 늦게 비친 것이 보일 거예요. 몸 전체의 상은 불가능하지만 '레이저 점'을 지연시키는 데에는 성공했어요!

◆ **지연 거울 만들기 2**: 루비듐 증기와 제어 레이저로 빛의 속도를 늦추고,

제어 레이저보다 약하고 가는 레이저를 쏘면

'레이저 점' 지연시키기 성공!

✏️ 거울조차 지금 모습을 그대로 비추지 않다니. '지금'이라고 생각한 순간 이미 그때는 0.1초 전, 1초 전으로 지나가요. 우리는 매 순간 짧은 타임머신을 타고 있는 것 아닐까요?

놀라운 빛의 능력!

빛의 능력은 빠른 게 다가 아니에요. 그밖에 또 어떤 특성이 있는지 알아보자고요!

① 끝없이 반복된다! 무한 거울: 빛의 지연된 상

거울 두 개를 마주 보게 놓고 그 사이에 서 본 적 있나요? 내 모습이 끝없이 이어지며 줄줄이 복제됩니다. 100% 완벽히 빛을 반사하는 거울은 만들기 매우 어려워 실제로 거울의 상이 무한히 비치지는 않지만, 이를 보통 무한 거울이라고 부르죠. 사실 이 무한 거울은 빛의 지연을 시각적으로 보여주는 장치예요.

한 번, 두 번, 세 번… 거울에 반사될 때마다 빛은 조금씩 더 늦게 돌아옵니다. 거울 속 첫 번째 내가 0.0000000067초 전의 나라면 두 번째는 0.0000000134초 전의 내 모습이죠. 이런 식으로 빛의 여정이 반복될수록 그 속에 담긴 나도 점점 더 오래된 내가 되는 셈이에요. 다음에 무한 거울 앞에 서게 된다면, 맨 뒤의 모습이 혹시 살짝 더 늦게 움직이는지 잘 살펴보도록 해요. 어쩌면 지연 거울을 발견할지도 모르니까요!

❷ 산타보다 낫다! 빛의 경로 설계: 페르마의 원리

빛의 굴절을 자세히 보면 재밌는 사실을 알 수 있어요. 굴절이 일어나는 이유 말이죠. 안전 요원이 물에 빠진 사람을 발견했다고 생각해 봐요. 아래 그림 같은 상황에서 안전 요원이 가장 빨리 구조하러 가는 경로는 뭘까요?

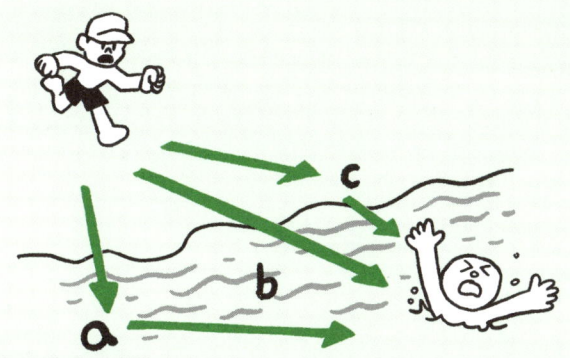

직선으로 가는 b를 생각한 친구도 있겠지만, 달리는 게 헤엄치는 것보다 빠르니까 달리는 거리를 늘리고 헤엄치는 거리를 줄이는 c겠죠. 이때 안전 요원을 빛으로, 물에 빠진 사람을 목적지로 바꾸면 빛의 굴절과 동일한 상황이 돼요. 빛은 안전 요원처럼 목적지까지 가는 모든 경로 중 가장 짧은 시간이 걸리는 길로만 가거든요. 빛이 직진하는 것도 같은 이유예요. 그게 가장 빠르니까요! 빛은 마치 이미 '목적지를 알고 있는' 것처럼 그 사이의 가장 빠른 길을 찾아가요. 빛의 이런 특성을 '페르마의 원리'라고 부른답니다.

 교과 연계

초등 과학 6학년 1학기 《빛과 렌즈》
중등 과학 2학년 《빛과 파동》

◆ 2화 ◆
독극물의 유통 기한이 지나면 더 독해질까?

① 독극물과 유통 기한의 정의

자, 그럼 이제….

역시 정의를 해야겠죠?

이제 정말 척하면 착이네요!

독극물은 생물에게 해를 입힐 수 있는 물질을 말해요. 유통 기한은 상품을 팔아도 되는 기한이죠. 이 기한은 무슨 기준으로 정할까요? 상품의 품질 변화와 사람에 해가 되는지 여부입니다. 시간이 지나면 질이 떨어지거나 사람에 해가 될 수 있다는 거겠죠?

독극물은 이미 유해하니까 유통 기한의 의미가 없을까요? 사실 '독극물의 유통 기한'은 과학자들에게도 중요한 항목입니다. 실험실에서 쓰는 독, 약에도 유통 기한이 표시되어 있거든요. 음식에는 '소비 기한'이라는 말도 쓰이지만 이번에는 실제와 달리 '유통 기한'을 맛과 냄새, 성분 같은 상품의 특성이 변하는 기한이라고 정의해 보죠. 그리고 나서 독극물이 어떻게 변화하는지 살펴봅시다.

◆ 독극물: 생물에게 해가 되고, 약이 아닌 물질
◆ 유통 기한: 상품의 특성이 변하기까지의 기한
◆ 독극물에도 유통 기한이 있으니 시간이 지나면 특성이 변할 것이다.

먼저 독극물 같은 물질의 변화를 설명하려면, 물질의 상태에 대해서 알아야 해요. 모든 물질은 상황에 따라 고체, 액체, 기체 상태를 띠어요. 물의 경우 고체는 얼음, 액체는 물, 기체는 수증기입니다.

♦ 물질은 상황에 따라 단단한 고체, 흐르는 액체, 떠다니는 기체 상태를 띤다.

그런데 얼음은 금방 녹아서 물이 되죠? 이렇게 물질의 모양이나 상태가 변하는 걸 물리 변화라고 해요. 이때 물질 고유의 성질이 변하지는 않습니다. 물과 얼음의 맛이 똑같은 것처럼요! 휴, 혹시라도 얼음이 맛없어졌으면 여름 나기 정말 힘들었겠죠?

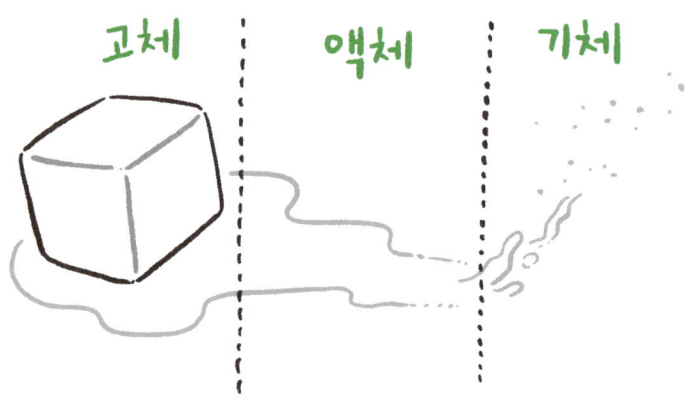

하지만 다른 경우도 있어요. 예를 들어 삼겹살을 굽다가 태워 버린 거죠. 아까워라! 이것도 물리 변화일까요? 바로 이번 질문의 주인공인 화학 변화라고 합니다. 화학 변화는 어떤 물질이 '성질이 다른' 물질로 변하는 거예요. 그러면서 열, 빛, 기체, 앙금이 생기기도 하고 맛, 냄새, 색깔이 변하기도 해요. 마치 고기가 타면서 검게 변하고 탄내가 나는 것처럼 말이죠.

◆ 물질의 변화 = 물리 변화와 화학 변화
◆ 화학 변화 = 어떤 물질이 성질이 다른 물질로 변하는 것.

이제 '품질'이 변한다는 게 어떤 의미인지 알겠죠? 물리·화학 변화를 포함한 물질의 변화로 인해 상품을 다른 사람에게 팔 수가 없는 거죠. 얼음이나 아이스크림 같은 건 녹기만 해도 팔 수 없잖아요. 독극물도 그렇습니다. 물리 변화도 화학 변화도 있죠. 하지만 물리 변화는 물질 고유의 특성까지는 바꾸지 않다 보니 대부분 독성이 사라지지 않아요. 화학 변화를 일으킬 때 물질의 특성, 특히나 독극물의 위험성이 변화하는 경우가 생기죠.

◆ '유통 기한'이 지난다 = 상품이 달라질 가능성이 생겨서 팔 수 없다.
◆ 독극물도 화학 변화로 특성이 변할 수 있다.

② 변하는 독극물과 변하지 않는 독극물

 독이 변하면 덜 위험해지는 거 아니에요?
아닌가…? 더 독해지나?

그걸 이제 알아봐야겠죠?

시간이 지나면서 독극물의 위험성이 줄어들지, 더 독해질지는 알 수 없어요. 이건 화학적 안정성과 관련 있어요. 물질이 화학 변화 없이 얼마나 오랫동안 그 특성을 유지하는지를 일컫는 말이죠.

비소는 화학적 안정성이 높아서 오랜 시간이 지나도 그대로 남아 있어요. 조선 시대에 큰 잘못을 저지른 이들에게 왕이 벌로 내린 사약에 쓰였죠. "죄인은 사약을 들라!"의 그 사약 맞아요. 실제로 조선 시대 궁궐에서 일어난 독살 사건들을 조사해 보면, 그때 죽은 사람들의 머리카락에서 비소가 발견되기도 한답니다.

반대의 경우는 오존을 얘기해 볼 수 있겠네요. 오존층의 오존 말이에요. 자외선을 막아 주는 오존이 독극물이라는 게 믿어지지 않겠지만, 사람이 직접 들이마시면 호흡을 어렵게 만드는 등 악영향을 미쳐요. 더운 날 대기에서도 발생하기 때문에 조심해야 하죠. 하지만 오존은 화학적 안정성이 낮아 생성되자마자 산소로 분해되기 시작합니다. 독극물에서 인체에 덜 위험한 물질로 변하는 겁니다. 유통 기한이 아주 짧은 거죠.

이번엔 조금 낯선 독극물을 소개할게요. 바로 실란이에요. 규소와 수소로 구성된 실란은 굉장히 불안정한 물질이라서 산소와 접촉하면 엄청난 속도로 반응하며 불이 나거나 폭발해 버려요. 게다가 산소와 반응할 때 생기는 이산화 규소는 가루 형태로 들이마시면 암을 유발하기도 해요. 매우 위험하지만 현대 사회에서 없어선 안 될 물질이기도 하죠. 반도체를 만들 때 사용되거든요. 반도체 공장에서는 실란의 불안정함을 이용해서 반도체에 특수한 코팅을 해요. 이때 산소가 없는 환경을 만들어 사용하죠. 이럴 때 보면 세상에 쓸모없는 것은 없는 것 같네요.

화학적 안정성에 따라 위험성이 그대로인 비소, 덜해지는 오존, 더해지는 실란 등 독극물마다 특성이 다르죠? 그래서 과학자들은 '유통 기한'보다 변화에 더 주목한답니다.

♦ 독극물의 화학적 안정성에 따라 독성이 변하거나 변하지 않거나, 독성이 변한다면 사라지거나 강해지거나 모두 다르다.

③ 독극물의 변신은 무죄? 유죄?

 게다가 독극물의 변화 요인은 정말 많아요!

헉. 또 어떤 게 있죠?
저도 알고 대비해야겠어요.

'유통 기한'이라는 '시간'은 사실 독극물의 변화를 뭉뚱그려서 말한 표현이에요. 아까 말한 화학적 안정성도 어떤 환경인지와 어떤 독극물인지에 따라 달라지거든요. 이 환경에서는 안정한데, 저 환경에서는 불안정한 경우 말이죠.

첫 번째 요인은 온도예요. 아주까리는 씨로 기름을 짜고, 남은 재료로 거름도 만드는 다재다능한 식물입니다. 그 재능엔 무려 독성을 만드는 능력까지 있죠. 갈색 얼룩무늬를 띤 아주까리의 씨에는 세계에서 손꼽히게 강력한 식물 독인 리친이 숨어 있어요. 미국에서 테러 물질로 지정될 정도죠. 이렇게 강력한 리친에도 약점은 있습니다. 바로 열이에요. 리친은 높은 온도에 오래 노출되면 단백질 구조가 파괴돼서 독성이 약해지거든요.

다른 요인으로는 산소가 있어요. 〈명탐정 코난〉 같은 추리물에 자주 등장하는 클로로폼은 원래 마취제로 개발됐지만 독성이 강해 지금은 사용이 금지됐어요. 또한 기체로 변하는 정도인 휘발성이 높아서 공기 중의 산소와 빛을 만나면 포스젠이라는 또 다른 독극물을 만들어요. 포스젠은 폐를 자극해 사람이 숨을 쉬지 못하게 하는 가스로 1차 세계 대전에서 화학 무기로도 쓰였죠. 클로로폼을 산소와 빛이 차단되는 갈색 병에 보관하는 이유예요.

<u>햇빛</u>도 요인이 될 수 있어요. **폼알데하이드**는 목재 가구, 벽지, 바닥재의 접착제나 페인트 등에서 방출되는 물질이에요. 새집으로 이사 왔을 때 겪는 새집 증후군의 대표적인 원인이죠. 하지만 기체 상태로 방출되고 햇빛에도 몇 시간 안에 분해돼서 새집에 들어갈 때 창문과 커튼을 활짝 열어 두기를 추천하는 거예요.

독극물도 사람처럼 성격이 정말 다양하죠? 결국 유통 기한이 지난 독극물이 더 독해지는지는 독극물마다 다르다는 사실!

◆ **독극물을 변화시키는 요인**: 열, 산소, 빛 등 주변 환경

◆ **독극물의 변화는 독극물마다 다르다!**

> 📝 제일 중요한 건 '유통 기한'이 지났든 아니든 '독극물은 마음대로 만지지 말기', '발견하더라도 주변 어른께 말씀 드리기.' 잊지 말아요, 안·전·제·일!

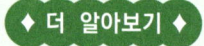

자연이 만든 독, 사람이 만든 약

독극물에는 동물이나 식물, 버섯, 미생물 등이 자연에서 만든 독도 있어요. 이것들은 사람을 심각한 위험에 빠뜨리기도 하지만 과학자들의 연구를 통해 사람을 구하는 데 쓰이기도 하죠.

① 자연이 만든 독의 레시피

복어는 테트로도톡신이라는 독을 가지고 있어요. 이 독은 열에 강해서 불에 익혀도 없어지지 않아요. 게다가 복어 한 마리에 든 양이면 사람 수십 명을 위험하게 만들 수 있죠. 독소가 있는 부분만 섬세하게 제거해야 안전하게 먹을 수 있답니다. 그래서 전문 자격증이 있는 사람만 복어를 요리할 수 있어요.

알광대버섯은 아마톡신이라는 독소를 지녔어요. 식용 버섯과 비슷하게 생긴 데다 자연에서 흔히 보여서 실수로 먹고 나면 간과 신장을 조용히 망가뜨려요. 게다가 해독제가 없어서 세계에서 가장 위험한 버섯으로 불리기도 했죠. 그러다 2023년에야 해독제가 될 만한 물질을 발견했답니다.

이러한 자연의 독은 진화의 전략으로 보면 훨씬 더 흥미로워요. 다 생존을 위한 설계거든요! "나 독 있으니 먹지 마!" 하고 위협하는 거죠.

② 독과 약, 종이 한 장 차이일까?

몸속에 들어온 독은 복잡한 과정을 거쳐서 영향을 끼쳐요. 이 과정을 잘 연구하면 새로운 약이 탄생할 때도 있습니다.

대표적으로 브라질 살무사가 있죠. 이 살무사의 독에 있는 물질은 혈압 조절을 방해해 혈압을 낮추는 효과가 있습니다. 과학자들은 이 작용 원리를 바탕으로 고혈압 치료제를 만들 수 있었어요.

전 세계적으로 유명한 보툴리눔 톡신도 빼놓을 수 없죠. 보툴리눔은 통조림 기술이 발달하지 않은 19세기, 깨끗하지 않은 통에서 발견된 식중독 균이에요. 이 균이 만드는 보툴리눔 톡신은 신경을 마비시키는데요. 극히 적은 양을 사용하면 근육의 수축을 방해한다는 것이 발견돼 근육·신경 치료와 피부 미용에 사용할 수 있게 됐어요. 바로 보톡스의 탄생이죠.

 교과 연계
초등 과학 3학년 2학기 1단원 《물체와 물질》
초등 과학 4학년 1학기 4단원 《다양한 생물과 우리 생활》

① 식물이 생존하는 비결, 광합성!

안타깝게도 광합성은 하고 싶다고 쉽게 할 수 있는 게 아니랍니다.

광합성이요? 그렇게 특별할 게 있나요?

아주 특별하죠! 중요한 조건이 있거든요.

식물은 우리처럼 매 끼니를 챙길 필요 없이 가만히 있어도 살아갈 수 있죠. 그 비결이 바로 광합성입니다. 광합성은 과학적으로 말하면 빛과 물, 이산화 탄소를 이용해 양분을 합성하는 과정이에요. 엽록체 덕분에 가능한 일이죠. 식물이 초록색을 띠는 것도 엽록체 속 엽록소 때문이에요. 게다가 광합성 중에 나오는 산소는 식물을 포함해 다른 동물이 숨을 쉬는 데 꼭 필요하죠.

광합성으로 만들어진 양분은 식물 전체로 퍼져 에너지로 사용됩니다. 식물이 성장하고, 싹이 나고, 열매를 맺을 수 있게요! 마치 24시간 가동되는 발전소처럼 말이죠.

◆ 광합성 = 빛 + 이산화 탄소 + 물 → 양분(포도당) + 산소

사람은 왜 광합성을 못 할까요? 가장 큰 이유는 당연히 엽록체가 없기 때문이에요. 엽록체는 광합성으로 물질을 합성해 에너지를 만들어 내요. 하지만 사람의 피부에는 엽록체가 없으니 햇빛을 받아도 에너지를 만들 수 없죠. 게다가 사람과 같은 동물은 햇빛을 많이 쬐면 피부에 화상을 입거나 질병이 일어날 수 있어서 오히려 피부를 지켜야 해요. 피부의 색을 결정하는 멜라닌 색소와 두꺼운 피부층이 그 역할을 하죠. 선탠으로 구릿빛이 된 피부는 피부가 햇빛을 막으려고 멜라닌 색소가 많아지면서 만들어진 겁니다. 선탠마저 과학!

♦ 사람에게는 광합성에 꼭 필요한 엽록체가 없고, 있더라도 피부가 햇빛을 막아서 광합성을 못 한다.

② 삶을 확 바꿔 줄 엽록체 이식 수술

 그럼 엽록체를 사람한테 심으면 되잖아요!

 만약 그게 진짜로 된다면… 우리 삶이 확 바뀌긴 하겠네요.

 긍정적인 뜻이죠?

한번 상상해 봅시다. 사람 피부 속 세포에 초록색 엽록체를 잔뜩 심어서 사람이 광합성을 할 수 있다면? 공원 잔디밭에 누워 햇살만 받으며, 조용히 포도당을 만들어 에너지를 충전하는 삶. 왠지 느긋하고 건강할 것 같죠? 그런데 과학적으로 보면 그건 '느긋한 삶'을 넘어서 '지긋지긋한 삶'일 거예요.

사람이 하루를 살아가는 데 필요한 에너지는 약 2,000kcal! 이걸 에너지와 일을 나타내는 단위인 J(줄)로 바꾸면 약 840만 J 정도입니다. 반면, 햇빛이 지구에 전달하는 에너지는 $1m^2$당 1초에 약 1,000W(와트). 1시간당 J로 바꾸면 약 360만 J이에요. 이 정도면 쉽게 충전하고도 남을 것 같죠?

◆ 사람이 하루에 필요한 에너지 양 = 840만 J

◆ 태양이 1시간 동안 지구에 보내는 에너지 양 = 360만 J

하지만 여기에 효율이라는 장애물이 있습니다. 식물의 광합성 효율은 약 3~6% 수준이에요. 90% 이상의 에너지는 열로 날아가거나 반사돼 버린다는 겁니다. 1시간 동안 햇빛을 열심히 쬐도, 그 중에서 필요한 에너지로 바꿔 쓸 수 있는 건 기껏해야 11만~22만 J 정도밖에 안 되는 거죠. 이렇게 해서 사람에게 하루에 필요한 에너지를 만들려면 적게 잡아도 약 38시간 이상 햇빛 아래 가만히 있어야만 한다는 계산이 나옵니다.

◆ 태양 에너지 360만 J 중 11만~22만 J만 사용할 수 있음.
◆ 이 광합성 효율로는 38시간 이상 햇빛을 쬐며 누워 있어야 함.

게다가 실제로는 밤도 있고, 날이 흐리기도 하고, 옷도 입고, 피부 면적도 적죠. 광합성만으로 살려면 선인장처럼 움직임도, 잠도 없이 며칠 내내 햇빛만 맞으며 가만히 있어야 되는 거예요.

③ 인간의 에너지 전략

 그럼 식물처럼 광합성도 못 하면서 사람은 어떻게 살아남은 거예요?

 좋은 질문이에요! 인간에게는 다른 만능 장치가 있답니다.

광합성은 필요한 에너지를 만들기까지 시간이 오래 걸리기도 해요. 하지만 인간은 음식을 먹으면 바로 에너지를 얻죠. 예를 들어 식물은 하루 종일 햇빛을 받아야 바나나 한 개 분의 에너지(약 46만 J)를 만들까 말까지만, 사람은 바나나를 먹고 5분 만에 뛰어다닐 수 있어요.

이건 바로 인간을 포함한 동물에게 소화계가 있기 때문이에요. 광합성과 반대로 소화는 물질을 분해해 양분을 얻는 과정입니다. 세포가 양분을 에너지로 활용하려면 잘게 잘려 있어야 하는데 소화계가 이 과정을 담당하는 거예요. 게다가 인간은 잡식성입니다. 고기, 과일, 채소, 심지어 아이스크림까지! 뭐든 먹으면 에너지로 만드는 만능 에너지 처리 장치가 있는 셈이에요.

♦ **광합성**: 빛으로 물질을 합성해 에너지 생성
♦ **소화**: 소화계가 물질을 분해해 에너지 획득

④ 광합성이냐 소화냐, 그것이 문제로다

뭐야.
광합성 별로 좋지 않네요?

하하하. 그렇게 생각할 줄 알았어요.
광합성의 진가는 밤에 드러난답니다.

광합성의 안 좋은 점만 말한 것 같아서 이제는 광합성의 좋은 점을 말해 보려고 해요. (절대 전 세계 39만 종 식물계의 반발이 두려워서가 아니에요.)

광합성은 호흡과 함께 봤을 때 놀라운 점이 제대로 보인답니다. 호흡은 숨을 쉬는 활동입니다. 숨을 못 쉬면 동물이든 식물이든 모두 위험해요. 숨을 쉬는 게 세포가 살아가는 데 필요한 에너지를 활용하는 과정이기 때문이죠. 생명체는 호흡하면서 영양소와 산소로 에너지를 만들고, 이산화 탄소와 물을 내보내요. 어, 이것들 어디서 보지 않았어요? 광합성과 비교하면 물질의 합성 방향이 반대죠! 광합성은 빛 에너지를 양분으로 바꿔 저장하고, 호흡은 저장된 양분을 꺼내 쓰는 과정인 겁니다.

♦ 호흡: 세포가 에너지를 사용하는 과정

광합성은 빛이 있을 때만 가능하죠. 그래서 식물은 낮에는 광합성과 호흡을 같이 하다가 밤이 되면 광합성은 멈추고 호흡만 하며 이산화 탄소와 물을 만들어요. 그러다가 낮이 되면 다시 이산화 탄소와 물을 흡수해서 산소와 양분을 만들죠.

◆ 광합성 = 빛 + 이산화 탄소 + 물 → 양분(포도당) + 산소

◆ 호흡 = 양분 + 산소 → 에너지 + 이산화 탄소 + 물

이 놀라운 순환 구조가 식물을 특별하게 만들어요. 살아가기 위해 다른 동물이나 식물을 먹어야 하는 동물과 달리 식물은 다른 생명체가 없어도 어느 정도 에너지를 만들어 살아갈 수 있거든요.

✏️ 이쯤 되면 광합성이냐 소화냐, 식물이냐 동물이냐 뭐가 더 좋은지 마음속에서 엄청난 갈등이 벌어지고 있겠는데요? 찬찬히 고민해 봐요!

♦ 더 알아보기 ♦

놀라운 광합성의 세계

혹시 아직도 광합성이 별거 아니라는 생각이 드나요? 그렇다면 특별히 여러분한테만 광합성의 놀라운 점을 또 알려 드리죠! 파도 파도 미담만 나오는 광합성의 정체는 대체…?

① 빛 배송 전문가, 엽록체의 비밀

광합성만큼 광합성을 하는 엽록체에서 일어나는 일도 아주 놀랍죠. 엽록체는 햇빛을 받으면 그 에너지를 흡수해 광합성에 이용해요. 이때 엽록체의 특기가 드러납니다. 바로 엽록체가 '흡수한' 햇빛 에너지를 95% 이상 '전달'한다는 거죠. 이게 얼마나 대단한 거냐면 에너지를 전달할 때는 반드시 손실이 일어나요. 무한 동력이 불가능한 이유죠. 하지만 식물은 자기가 '흡수한' 거의 모든 햇빛을 광합성에 이용할 수 있는 겁니다.

이렇게 빛을 잘 전달하는데, 왜 식물의 광합성 효율이 3~6%밖에 안 되는 걸까요? 무지개를 보면 알 수 있듯 빛은 여러 색으로 이루어져 있는데 엽록체 속 엽록소는 그중에서도 주로 푸른색과 붉은색만 흡수해요. 게다가 빛을 사용할 에너지로 변환하는 효율도 상당히 떨어집니다. 만약 광합성 효율이 빛의 전달만큼 어마어마했다면 식물들이 엄청나게 잘 자랐겠죠?

② 지구를 바꾼 마법, 광합성

약 24억년 전, 지구 대기에 산소가 폭발적으로 늘어나기 시작했어요. 이미 그보다 훨씬 전부터 '남세균'이라는 미생물이 광합성을 통해 산소를 만들어 내고 있었기 때문이죠. 남세균이 만든 산소가 대기 중에 점점 쌓이며 산소가 폭발적으로 늘어나는 '대산소화 사건'이 벌어집니다.

이때부터 대기 중 산소가 많아지고, 오존층이 형성되어 생물들이 육지에 살 수 있는 조건이 마련됐죠! 광합성이 없었다면 지구에는 지금처럼 숨 쉬는 생물이 존재할 수 없었던 거예요. 광합성은 지구 생태계를 출현시킨 생명의 마법인 거죠! 자, 앞으로 식물들을 보면 감사하다고 인사하기! 감사합니다, 식물님들~.

 교과 연계
초등 과학 6학년 1학기 3단원 《식물의 구조와 기능》
중등 과학 2학년 5단원 《식물과 에너지》

4장

거대한 세계로 빠져드는
위험한 질문들

혹시 시간이 멈춘다면 그걸 알아차릴 방법이 있을까?

가끔 '시간이 멈춘 것 같았다'고 하잖아요. 만약 초능력자가 시간을 멈추면 우리가 그 순간을 알 수 있을까요?

우리가 시간이 멈췄다고 '느끼는' 순간 이미 멈춘 게 아닐지도 몰라요!

① 시간이란 도대체 뭘까?

시간이 대체 뭐죠?
시계가 멈췄다고 시간이 멈춘 건 아니고···.

아하, 중요한 첫걸음이에요!
시간을 정의하자는 거죠?

시간은 자연스럽게 받아들여지기 때문에 정의하려고 하면 오히려 막막해집니다. 이럴 때는 기본부터 살펴보는 게 좋죠. 시간의 사전적 정의는 이렇습니다. '과거에서 현재를 거쳐 미래로 이어지는, 되돌릴 수 없는 사건들의 연속적인 흐름.' 여기서 주목할 점은 시간이 흐름이라는 겁니다.

그런데 정말 시간이 흐르는 걸 본 적이 있나요? 꽃이 피고, 밤이 되고, 나이가 들고, 시곗바늘이 돌아가는 게 시간일까요? 그건 사실 시간이 아니라 사물의 변화예요. 즉, 시간은 사물의 변화를 통해서만 인식됩니다.

다시 말해 우리는 시간을 한 번도 본 적이 없어요. 하지만 시간은 과학자뿐만 아니라 우리에게도 훌륭한 측정 도구이자 유용한 변화의 기준이죠.

♦ 시간은 눈에 보이지 않지만 사물의 변화를 통해 인식된다.

② 시간이 멈춘 것 같은 순간?

근데 꼭 시간이 멈춘 것 같은 때가 있지 않아요?
학교 수업이 끝나기 직전이라거나⋯.

정말 많죠! 저도 공감이 가긴 하지만⋯.
적어도 과학 수업 때만큼은 집중해 줘요!

 과학자들은 시간의 경험을 연구하는 뇌 과학의 시간과 시간에 따른 변화를 연구하는 물리학의 시간을 구분합니다. 뇌 과학에서는 실제 시간의 흐름과 느껴지는 시간의 흐름이 다른 현상을 시간 왜곡이라고 해요. 수업 끝나기 직전 시간이 딱 멈춘 듯한 그거요!

 뇌는 시간의 흐름을 두 가지 방식으로 느껴요. 하나는 바로 지금 이 순간 느끼는 시간인 체감 시간과 그때가 지나고 나서 기억하는 시간인 회고 시간이죠.

 신나게 타던 놀이기구가 딱 멈춘 순간 '벌써 끝이야?'라고 생각한 적 있죠? 체감 시간이 빠르게 흘렀다는 뜻이에요. 즐거운 일을 할 때는 쾌감을 주는 도파민이 분비되는데, 도파민은 뇌에서 시간을 빠르게 느끼도록 하거든요.

 반대로 이미 아는 단어인데 공책에 여러 번 적어 가야 하는 숙제는 어떨까요? 지루하겠죠? 이럴 때는 뇌의 활동이 줄어들어 시간이 더디게 흐르는 것처럼 느껴져요.

♦ 시간은 체감 시간과 회고 시간, 두 가지 방식으로 느껴진다.

♦ 체감 시간은 즐거울 때 빠르게, 지루할 때 느리게 느껴진다.

당장은 지루하고 시간이 느리게 가는 것 같은데, 지나고 다시 생각하면 짧게 느껴지는 경우도 있습니다. 회고 시간이 빠르게 느껴진 거예요. 이건 기억의 양과 관련이 있어요.

뇌는 에너지를 적게 쓰기 위해 기억을 저장할 때 패턴을 찾아 압축하려고 해요. 말하자면 '기상 - 학교 - 학원 - 집 - 잠' 같은 일상은 '패턴1'로 간단히 압축돼요. 그럼 뇌는 기억이 얼마 없으니, '별다른 사건이 없었군. 시간이 짧았나 봐' 하는 거죠.

반대로 첫 해외여행을 갔다고 생각해 보자고요. 새로운 환경이니 뇌는 이것저것 기억하느라 바쁘겠죠? 이러면 기억이 많아져 뇌가 '이번 여행 정말 길고 알찼다!'라고 느끼는 거예요.

♦ 회고 시간은 저장된 기억의 양에 따라 다르게 느껴진다.

③ 시간이 멈추면 우리는 알 수 있을까?

그럼 뇌 과학이 아니라 물리학의 시간이 멈추면 어떻게 되는 거예요?

좋은 질문이에요! 결론부터 말하면 아무것도 변화하지 않죠. 정말 '아무것도!'

물리학에서 시간이 멈춘다는 건 단순히 '시곗바늘이 멈춘다' 정도의 뜻이 아니에요. 모든 변화가 사라진다는 의미입니다. 변화라는 건 움직임이에요. 내 몸속 세포도, 공기의 흐름도, 머릿속 생각도, 심지어는 빛까지 정말 '아무것도' 움직이지 않는 상태인 거죠.

우리 몸이 멈춘다면?

우리 몸의 바쁘디바쁜 시계가 멈춘다는 건 나이를 안 먹고 끝이 아니라 우리 몸의 모든 생명 활동이 멈춘다는 뜻이에요. 뇌의 인지 능력도 함께 멈추게 되죠. 그래서 뇌는 시간이 멈췄다는 것조차 알 수 없어요.

더구나 모든 생명 활동은 시간 위에서 일어납니다. 시간 없이 생명은 존재할 수 없고, 생명 없는 시간은 의미를 가질 수 없죠. 시간이 흘러야 비로소 생명은 흔적을 남기는 거예요.

온 세상이 멈춘다면?

몸속 시계가 바쁘게 움직이는 것처럼 모든 물질도 자세히 보면 끊임없이 움직이고 있어요. 심지어 단단한 다이아몬드도 그 구성 물질들이 진동하고 있고, 물 같은 액체나 공기 같은 기체를 이루는 물질들은 더욱 자유롭게 움직이죠. 시간이 멈춘다는 건 그 모든 물질의 움직임이 멈춘다는 거예요. 그렇게 되면 세상의 물질들에서 어떤 변화도 일어나지 못해요. 물은 영원히 얼음이 되지 못하고, 우유에 넣은 초콜릿도 전혀 섞이지 않아요. 게다가 공기의 진동인 소리도 나지 않겠죠. 심지어는 빛조차 퍼져 나가지 않아요.

세상의 모든 물리 법칙에 따른 변화가 멈추는 겁니다. 그러면 우리가 세상과 상호 작용하지 못하니 어떤 것도 감각할 수 없어요. 즉, 우리는 '시간이 멈췄다'는 것도 모르고 그저 정지된 조각처럼 존재하게 될 거예요.

♦ 우리는 '시간이 멈췄다'는 걸 절대 알 수 없다.

'알아차리는 행위' 자체가 시간의 흐름 안에서만 가능한 일이니까!

④ 시간을 멈추는 초능력자를 이기려면?

그럼 만약에 초능력자 악당이 시간을 멈추면 우리는 아무것도 할 수가 없겠네요?

하하하. 그게 걱정이군요. 하지만 제가 만약 초능력을 고를 수 있다면 시간을 멈추는 능력은 선택하지 않을 거예요.

만약 물리학적 시간을 멈추는 초능력을 갖고 있는 악당이 있다면, 그 악당에게 어떻게 대항할 수 있을까요? 정답은 '아무것도 안 해도 된다'예요!

아까 우리가 나눈 이야기를 차근차근 다시 정리해 봅시다. 시간을 멈추는 초능력자 악당을 간단히 시간 빌런이라고 할게요. 시간 빌런이 시간을 딱 멈추면, 시간 빌런도 딱 멈추게 돼 버려요. 자기가 시간을 멈춘지도 모를걸요? 큰돈 주고 능력을 샀다면 사기당했다고 생각하겠죠. 이 경우는 제외합시다. 큰돈 쓴 시간 빌런이 너무 안타까우니까요.

이번에는 시간 빌런이 자기만 빼고, 온 세상의 시간을 멈춘다고 해 볼게요. 여기서는 '자기'를 '어디까지'로 정의하냐가 문제예요. 앞의 '온 세상이 멈춘다면' 부분을 떠올려 봐요. 몸까지만 '자기'라고 생각하면 몸이 아닌 옷은 움직이지 않겠죠. 옷을 이루는 물질도 딱 멈춰 버린 거니까요. 옷에 꽁꽁 묶인 듯 꼼짝 못 해요.

옷까지 '자기'를 넓히면 진짜 시련이 시간 빌런을 기다립니다. 주변의 모든 것이 멈췄으니 아무것도 움직이지 않겠죠. 어떻게든 몸을 움직이려고 해도 주변 물질들을 밀어낼 수가 없어서 못 움직일 거예요. 게다가 공기가 움직이지 않으니 몸속에 공기가 못 들어와요. 숨을 못 쉬죠. 소리도, 빛도 퍼져 나가지 못하니 아무것도 감각하지 못할 거예요. 마치 온 세상에서 고립된 느낌일걸요?

결국 멈출 수 있는 시간은 시간 빌런이 숨을 참을 수 있는 정도, 멈춘 동안 할 수 있는 것도 생각하는 것뿐이겠죠. 더구나 생각하는 데에도 산소가 쓰이니까… 더 짧을지도 모르겠네요.

어때요? 아직도 시간을 멈추는 초능력이 갖고 싶나요? 생각보다 쓸모가 없을지도 몰라요. 어쩌면 그 초능력이 있는지조차 모를 수도 있고요. 이런 빌런과… 싸울 필요가 있을까요?

◆ 시간 빌런은 자기 시간마저 멈춰서 스스로 초능력을 썼는지도 모를 것. 설령 자기만 빼고 시간을 멈춘다 해도 아무것도 할 수 없을 것이다.

시간을 멈추고 싶은 이유는 남들보다 시간을 많이 쓰고 싶어서겠죠? 쉬운 방법이 있어요. 하굣길을 바꿔 새로운 길을 경험하기만 해도 여러분의 시간은 더 길게 기억될 거예요.

멈춤의 과학

우린 종종 시험을 앞두거나 꿈같은 순간에 이렇게 외치죠. "시간아 멈춰라!" 이건 과학자든 자연의 생명체든 마찬가지예요. 그들이 시간을 멈추는 데 도전한 방법들을 소개합니다!

① 과학자들의 시간 멈춤

과학자들이 찾아낸 방법은 '동결 보존'이에요. 원리는 간단해요. 세포를 초저온에서 보관하면, 생리 활동이 거의 멈추게 되거든요. 이를 나중에 녹여서 되돌리는 거죠.

동결 보존에 들어가면 세포의 시간이 아주 느리게 흐르게 됩니다. 실제로 NASA는 응급 상황에서 우주 비행사를 저체온으로 만드는 실험을 진행했어요. 또 미국과 러시아의 일부 연구소에서는 불치병 환자의 몸을 영하 196℃의 액체 질소 속에 보관하는 냉동 인간 프로젝트도 진행 중이죠. 빙하 속에 갇혀 있던 캡틴 아메리카처럼 말이에요.

문제는 몇몇 식물이나 세포 수준과 달리 사람처럼 복잡한 생명체를 동결 보존에서 되돌릴 기술이 아직 없다는 거예요. 캡틴 아메리카는 강화 인간이라서 가능했지만 일반인의 세포는 동결과 해동을 견디기 어렵거든요.

② 자연의 시간 멈춤

우리가 시험을 앞뒀을 때처럼 자연에서도 극한 상황은 벌어지겠죠? 먹이가 없거나 갑자기 가뭄이 들거나 홍수가 나거나 엄청난 추위가 몰아치는 상황 말이에요. 놀랍게도 이런 상황에서 동결 보존 같은 일에 성공한 생물들이 있어요.

눈에 보이지 않을 정도로 작은 기생충 같은 선충류 생물들이나 곰벌레라 불리는 완보동물들은 극한 환경이 닥치면 생명 활동을 거의 완전히 멈추고 몇 년을 버텨요. 그러다가 적당한 환경이 오면 '잠에서 깨어나듯' 다시 활동을 시작해요. 이걸 '크립토비오시스'라고 합니다. 생명 활동이 극단적으로 느려진 상태, 즉 시간이 흐르는 속도를 최대한 늦추는 생존 전략인 거죠.

 교과 연계
중등 과학 1학년 1단원 《과학과 인류의 지속가능한 삶》

◆ 2화 ◆

지구에 중력이 사라지면 가장 먼저 날아가는 건 무엇일까?

① 무중력 상태는 중력이 없는 게 아니라고?

우주에서는 중력이 없잖아요!
너무 재밌을 것 같아요!

아, 드디어 무중력 상태에 대한
오랜 오해를 바로잡을 기회가 왔군요.

우리가 흔히 말하는 무중력 상태는 진짜로 중력이 없어져서 생기는 게 아니에요. 중력은 그대로 작용하고 있지만 우리가 느끼는 무게인 겉보기 무게가 0kg이라 마치 중력이 없는 것처럼 경험되는 상태죠.

무슨 말이냐고요? 질량과 무게의 정의를 알면 이야기가 쉬워집니다. 질량은 물체가 가진 물질의 고유한 양이에요. 어디에 있든 값이 변하지 않아요. 반면, 무게는 질량을 가진 물체에 작용하는 중력의 크기예요. 질량과 달리 중력이 바뀌면 무게도 바뀌죠.

즉, 우리는 중력의 크기를 무게로 느끼고 있는 거예요. 그래서 무게가 가벼워지면 중력이 약해진 것처럼 느끼고, 무게가 0이 되면 중력이 없어진 것처럼 느끼는 거죠.

♦ **질량**: 물체가 가진 물질의 고유한 양. 위치에 따라 변하지 않는다.
♦ **무게**: 질량 있는 물체에 작용하는 중력의 크기. 중력에 따라 변한다.

② 세상에서 가장 간단한 다이어트 방법

 무중력 상태에선 몸무게가 0kg이라고요?
그럼 다이어트는 필요 없겠네요?

하하하. 무중력 상태에선 그렇겠죠?
하지만 몸무게만이 아니라 건강도 생각해야 해요.

다이어트에 관심 있는 사람들이 눈을 반짝이는 게 벌써 느껴지네요. 여러분이 궁금한 걸 이제 말씀드리죠. 무중력 상태는 대체 어떻게 만들 수 있을까요?

무게가 느껴지는 건 '바닥'이 있기 때문이거든요? 지구가 우리를 끌어당기는 만큼 바닥 면이 위로 밀고 있는 거죠.

바닥 같은 접촉면이 미는 힘을 수직 항력이라고 해요. 물체가 붙어 있는 면에 수직으로 위쪽을 향하는 힘이죠. 체중계는 바로 이 힘의 크기를 측정해요.

♦ 수직 항력: 물체가 접한 면에 수직 위쪽으로 작용하는 힘.
무게가 느껴지게 한다.

그럼 어떻게 수직 항력을 없앨 수 있을까요? 이 수직 항력은 물체가 바닥에 붙어 있어야 생겨요. 바닥이 없으면? 수직 항력도 없죠. 아직 모르겠어요? 바로 공중에서 떨어지는 상황을 만들면 돼요.

엘리베이터가 대표적인 예죠. 점점 빠르게 내려가는 엘리베이터를 타면 어딘가 울렁거리는 느낌이 들곤 해요. 만약 엘리베이터가 엄청난 속도로 떨어지는 상황이라면 그때 느껴지는 게 무중력과 비슷할 거예요. 중력 자체가 줄어들진 않았지만 수직 항력이 거의 없는 상태죠. 이건 엘리베이터에 탄 사람은 엘리베이터와 한 몸이나 다름없기 때문이에요. 공중에 뜬 엘리베이터는 지지할 바닥이 없잖아요. 그래서 초고속으로 내려가는 엘리베이터 안에서 체중계에 올라가면 몸무게가 아주 적어 보일 거예요.

♦ **일상에서 줄어든 중력 느끼기: 초고속으로 내려가는 엘리베이터 타기!**

또 하나의 예는 우주선이죠. 우주니까 중력이 없다고 생각하기 쉽지만 우주에서도 지구 중력은 여전히 영향을 미쳐요. 심지어 다른 천체의 중력도 작용하죠. 하지만 분명 우주에서도 무중력 상태를 경험할 수 있어요. 사실 우주선도 떨어지고 있거든요.

우주선은 지구 중력에 끌려 떨어지지만 그만큼 빠르게 옆으로도 움직이고 있어요. 지구는 둥그니까 빠르게 옆으로 날아가면 계속 떨어지면서도 지구의 둘레를 따라 빙글빙글 돌게 되는 거죠. 이걸 궤도 운동이라고 합니다. 저, 궤도가 하는 운동이 아니에요!

국제 우주 정거장이 바로 그런 경우예요. 땅으로부터 약 400km 위를 초속 약 7km로 돌고 있지만, 지구 중력에 끌려 떨어지는 중이거든요. 우주선과 우주인은 한 몸! 중력을 버텨 주는 수직 항력이 없어 몸은 둥둥 뜨게 되고, 그 상태를 무중력처럼 느끼는 거죠.

◆ 우주선도 사실 떨어지는 중이다. 그만큼 빨리 옆으로 갈 뿐.

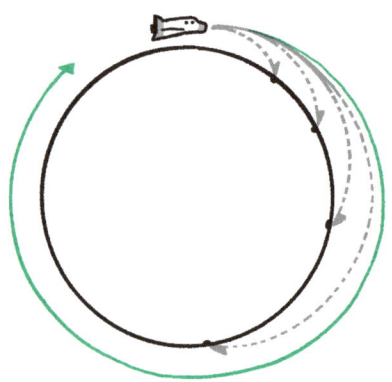

③ 지구에 중력이 사라지면 벌어지는 일

 정말로 지구의 중력이 사라지면, 뭐가 제일 먼저 붕~ 날아갈까요?

상상만 해도 아찔한데요? 순서대로 따져 볼까요?

먼저, 정의를 분명히 합시다. 여기서 중력이 사라진다는 것은 지구가 더 이상 물체를 끌어당기지 않는다는 뜻입니다. 수직 항력이 없는 상태가 아니라 진짜 '무중력'에 가까운 상황이에요. (다른 천체들의 중력이 있으니까요.) 엄청난 비상 상황이죠! 중력은 지구의 모든 걸 제자리에 붙들어 주는, 보이지 않는 거미줄 같은 존재이기 때문이에요. 이 거미줄이 끊기면 뭐부터 떠오를까요?

1번 주자: 공기

공기는 수소, 질소, 산소 같은 아주 질량이 작은 기체로 이루어져 있어요. 자유로워 보이는 기체들도 실제로는 지구 중력에 '붙잡혀' 있죠. 하지만 중력이 사라지면? 수소, 헬륨처럼 가장 가벼운 기체들이 제일 먼저 우주로 퍼져 나갑니다. 결국에는 지구를 감싸고 있던 대기가 전부 사방으로 흩어질 거예요. 숨을 쉬거나 소리를 전해 주는 공기가 말이죠. 이제부터 숨 참아요. 흡!

2번 주자: 물

물은 공기보다 무겁고, 바깥 면이 안쪽으로 끌어당겨지는 표면 장력이라는 힘 덕분에 쉽게 흩어지지 않아요. 컵에 물을 가득 채운 뒤 물방울을 더 떨어뜨려도 넘치지 않고 봉긋 솟아오르는 모습을 본 적 있죠? 그게 표면 장력 때문이에요. 무중력 상태에서는 물도 떠 있어서 사방이 바깥 면이죠. 그럼 표면 장력이 균일하게 작용해 물방울이 마치 투명한 구슬처럼 하나로 뭉친 모습을 볼 수 있습니다. 중력은 사라져도 표면 장력은 여전히 작용하니까요.

3번 주자: 사람과 사물

이쯤 되면 궁금해지죠. 사람은? 소파는? 냉장고는? 안타깝게도 전부 뜹니다. 전부요. '그대로 있어!' 하고 붙잡아 주던 중력이 사라지면서 모든 물체가 붕~ 뜨게 되는 거예요.

이때 떠오르는 순서를 가르는 것은 물체의 질량뿐만 아니라 마찰력이에요. 마찰력은 쉽게 말하면 면에 닿아 있는 물체가 미끄러지지 않게 해 주는 미끄럼 방지 힘이죠. 마찰력이 어떻게 떠오르는 순서를 늦춰 주는지 생각해 볼까요?

책을 예로 들어 볼게요. 책상 위에 놓여 있는 책은 책상과만 붙어 있으니 마찰력이 작아 중력이 사라지면 거의 바로 떠오를 거예요. 하지만 책장에 꽂혀 있는 책은 어떨까요? 책 양쪽에도 책이 꽂혀 있다면 양쪽 면의 마찰력으로 조금 더 늦게 떠오를 수 있겠죠.

물론 모든 물체가 날아가니 결국 책장도 떠오르겠지만요. 지구의 중력이 사라지는 비상 상황에 처한다면 조금이라도 지구에 붙어 있기 위해 바닥이든 벽이든 가능한 한 넓게 붙어 있어야 한다는 거죠! 물론 우리가 붙잡고 있는 무엇도 금방 떠오르겠지만요.

만약 붙잡을 게 없는 야외라면 어떻게 될까요? 우리는 속절없이 하늘에 붕 떠 버리고, 공기는 흩어져 숨 쉴 수도 없어지고, 지구는 태양 중력 덕분에 간신히 공전을 계속해요. 그럼 우주를 떠도는 귀신들처럼 우주에 남겨지고 말 거예요. 게다가 지구도 얼마 못 가 구성 물질들이 흩어지고 말겠죠.

◆ 중력이 사라지면 공기, 물, 사람과 사물 등 가벼운 순서대로 날아간다.
◆ 최대한 지구에 남으려면? 여기저기 찰싹 붙어 있기!

✏️ 중력은 세상을 묶는 보이지 않는 매듭이에요. 그 매듭이 풀리면 모두 흩어질 뿐이죠. 누가 먼저 날아가느냐보다 중요한 건 중력 덕분에 우리가 함께 있다는 것! 중력이 있어 다행이죠?

◆ 더 알아보기 ◆

우주의 비밀, 중력

중력이 우주를 이해하는 데 얼마나 중요한지, 중력의 발견이 얼마나 위대한 일인지 아직 모르겠다면 한번 읽어 봐요!

① 사과 하나에서 찾아낸 우주의 법칙

'사과는 왜 꼭 아래로 떨어질까?' 오래전 이 질문을 던진 사람이 있었어요. 바로 아이작 뉴턴! 그는 '사과가 아래로 떨어지는 건 지구가 끌어당기기 때문이 아닐까?' 생각하게 돼요.

그는 이 힘에 '중력'이라는 이름을 붙였고, 그 힘이 모든 물체 사이에 작용한다는 사실을 수학적으로 정리했어요. '질량을 가진 모든 물체는 서로를 끌어당긴다.' 바로 '만유인력의 법칙'이죠. 우리가 바닥에 발을 디디고 있는 것도, 지구가 태양 주위를 도는 것도 전부 중력 덕분이라는 이야기예요.

이 법칙은 인공위성 궤도 계산, 화성 탐사선 궤적 설계, 블랙홀 주위 별들의 움직임 분석까지 천체 물리학의 기본이 되고 있어요. 결국 뉴턴은 떨어지는 사과로부터 우주의 작동 원리를 밝혀낸 거예요. 작은 궁금증이 우주의 비밀을 밝히는 실마리가 된 거죠!

② 지구가 평평할 수 없는 이유

옛날 사람들은 지구가 평평하다고 믿었어요. 절벽처럼 땅에 끝이 있다고요. 여기에는 지평선과 수평선이 평평해 보이는 것도 한몫했죠. 지구가 너무 커서 둥근 모양이 안 보이잖아요.

그래서 멀어지는 배를 보며 '저거 떨어진 거 아니야?' 하고 겁을 내기도 했죠. 실제로 배는 아래부터 가려지다가 돛대까지 사라지잖아요? 그런데 이게 바로 지구가 둥글다는 증거예요! 배가 정말 떨어진 게 아니고서야 지구가 평평하다면 배는 점점 작아지기만 하고 모양이 그대로 보였겠죠.

하지만 여전히 지구가 평평하다고 믿는 사람들도 있어요. 이런 믿음은 중력을 잘 모르기 때문에 생깁니다. 중력을 이해하면 지구는 둥글 수밖에 없거든요. 지구 정도의 천체가 생길 때 중력은 중심을 향해 작용하기 때문에 결국 둥근 모양을 하게 된답니다.

 교과 연계
초등 과학 3학년 2학기 2단원 《지구와 바다》
중등 과학 1학년 5단원 《힘의 작용》

① 블랙홀의 정체

 근데 블랙홀은 정확히 어떻게 생겼어요? 정말 이름처럼 검은 구멍인가요?

 아, 이거 비밀인데…. 놀랍게도 블랙홀은 까맣지도 않고, 구멍도 아니랍니다.

블랙홀은 원래 '중력적으로 완전히 붕괴된 천체'라고 불렀습니다. 그러다가 블랙홀이라는 이름이 특징과 잘 어울려서 지금까지 쭉 사용된 거죠. 어떤 특징이냐면 바로 '아무것도' 빠져나오지 못하게 하는 엄청난 중력! 빛조차 빨아들이니 정말 말 다했죠. 검지도 않고 구멍도 아니지만, 모든 걸 끌어당겨 빛도 나오지 못하기 때문에 색을 볼 수 없어 '블랙홀'이라고 부르는 겁니다.

블랙홀의 엄청난 중력은 그에 맞는 막대한 질량 덕분입니다. 지금까지 밝혀진 블랙홀의 경우에는 원래 태양의 몇십 배에 이르는 거대한 별이었어요. 질량이 어느 정도를 넘어서면 중력이 더 커지고, 더 커진 중력에 눌려 한 점으로 모여요. 이렇게 크기는 없고 질량만 있는 블랙홀이 되고 마는 거죠.

♦ 블랙홀의 재료: 너무 강한 중력 때문에 스스로 무너진 별
♦ 블랙홀의 특징 1: 막대한 질량과 빛조차 탈출하지 못하는 엄청난 중력

블랙홀의 특징은 또 있어요. 바로 사건의 지평선입니다. 사건의 지평선에 영감을 얻은 노래도 있죠? 그 노래가 있어서 제가 블랙홀을 설명하기가 얼마나 재밌어졌는지 몰라요. 가수 윤하 님께 감사드립니다!

블랙홀의 중력이 아무리 강해도 모든 우주를 집어삼킬 정도는 아니에요. 블랙홀도 크기가 있다는 얘기죠. 블랙홀의 안과 밖을 나누는 경계가 바로 사건의 지평선입니다. 경계 안쪽에서 벌어지는 사건이 바깥에 전혀 영향을 줄 수 없기 때문에 그렇게 불러요. 여러분이 낭떠러지 바로 앞에 있다고 상상해 보세요. 한 걸음만 걸어도 절벽 아래로 떨어져 버리지만 그 전까지는 땅에 발을 딛고 있죠. 이 낭떠러지의 경계가 사건의 지평선이라고 할 수 있습니다.

◆ **블랙홀의 특징 2: 블랙홀의 경계는 사건의 지평선**

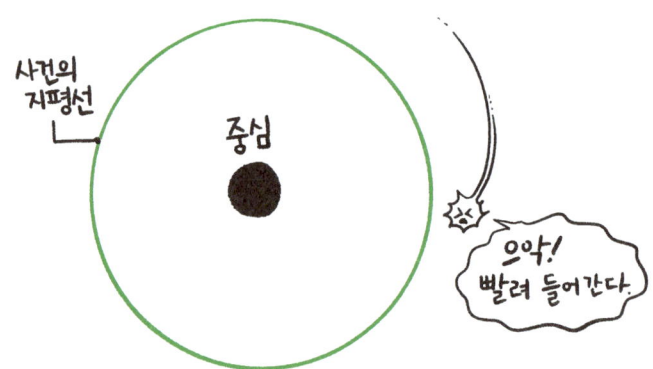

② 만약 블랙홀로 다이빙한다면?

 만약 제가 블랙홀로 다이빙이라도 한다면, 저는 어떻게 될까요?

 하하하. 저도 너무 궁금해서 그런 생각을 한 적 있었죠.

 그렇게 되면 밖에서 친구들이 저한테 인사 정도는 해 줄 수 있겠죠?

 어디 한번 예측이라도 해 볼까요?

먼저 블랙홀 밖에 있는 친구들이 블랙홀로 다이빙하는 우리 모습을 본다고 생각해 볼게요. 일단 블랙홀의 강한 중력 때문에 시간이 팽창되기 시작해요. 시간 팽창은 중력이 강할수록 시간 흐름이 느려지는 현상을 말합니다. 단순한 느낌이 아니라 진짜로 시계가 천천히 간다는 말이죠.

멀리서 보고 있는 친구들 눈에는 이상한 일이 벌어져요. 우리가 점점 느려지고, 느리다 못해 멈춘 것처럼 보이기 시작하는 거죠. 바로 사건의 지평선에 다다른 거예요. 사건의 지평선 가까이만 가도 엄청난 중력 때문에 시간이 극도로 느려지죠. 그래서 친구들 눈에는 우리가 슬로우 모션처럼 매우 느리게 움직이다가 결국에는 정지한 것처럼 보여요.

여기서 끝이 아니에요. 중력이 강하니 빛도 빠져나올 때 힘이 더 많이 들겠죠? 그러면서 빛의 에너지가 줄어들고 색이 붉게 변해요. 광합성을 설명할 때 말했듯 일반적인 빛은 여러 색깔의 빛이 합쳐져 있는데요. 붉은 계열부터 보라 계열의 색을 띠어요. 빛의 에너지가 약할수록 색이 붉어지죠.

이처럼 중력 때문에 빛이 에너지를 잃고 붉게 변하는 현상을 중력 적색 편이라고 불러요. 친구들 눈에는 우리가 점점 느려지다가 붉어지고, 어두워지다가 마침내 보이지 않을 거예요!

진짜로 사라진 건 아닙니다. 강한 중력으로 빛이 점점 더 휘어져서 친구들 눈까지 도달하지 못하게 되는 거죠. 우리는 멈춘 듯보일 뿐, 여전히 사건의 지평선 너머로 쑤-욱 떨어지고 있어요.

♦ 블랙홀 밖에서는 강한 중력 때문에 안쪽의 우리가 슬로우 모션처럼 느려지다가 붉게 보이고, 이윽고 보이지 않게 된다.

③ 블랙홀 다이빙 중에 친구들을 보면?

 반대로 블랙홀에 빨려 들어가는 저한테는 친구들이 어떻게 보일까요?

 이번엔 관측자의 위치에 따라 달라지는 시간을 이야기해 봅시다.

앞서 친구들 눈엔 우리가 느리게, 멈춘 것처럼 보였죠? 반대로 우리 눈에는 친구들의 시간이 훨씬 빠르게 흘러갑니다. 정확히 말하면, 시간 팽창 때문에 우리 쪽 시간이 느리게 흘러서 멀리 있는 친구들의 시간이 더 빠르게 흐르는 것처럼 보이는 거예요. 시간 팽창 현상을 <u>서로 다른 위치</u>에서 관찰하니, 시간의 흐름이 다르게 보일 뿐이죠.

우리가 블랙홀 앞에서 "얘들아~." 하고 손 한 번 흔드는 그 순간, 친구들은 키가 훌쩍 커서 어느새 어른처럼 자라 있을 거예요. 우리에게 단 몇 초 정도가 친구들에겐 몇 년이었던 셈이죠. 마치 우주의 주마등처럼, 눈앞에서 친구들의 삶이 눈 깜짝할 새에 지나가 버릴 겁니다.

♦ 블랙홀 안에서는 바깥의 시간이 주마등처럼 휘리릭 지나간다.

④ 블랙홀 다이빙, 그 끝에 있는 것

 그럼 블랙홀 안에 '완전히' 들어가면 어떻게 돼요?

사건의 지평선 안쪽! 드디어 핵심입니다!

블랙홀에 진짜로 '들어간다'는 건 사건의 지평선을 넘어선다는 뜻이에요. 빛조차 나올 수 없기 때문에 우리는 그 안에서 무슨 일이 벌어지는지 직접 관측할 수 없습니다. 하지만 과학은 그냥 '몰라요' 하고 끝내지 않죠. 이론과 수학적 계산을 바탕으로 그 안에서의 상황을 예측해 왔어요.

블랙홀 안, 그 낭떠러지로 떨어지는 순간 가장 먼저 겪게 될 일은 몸이 국수처럼 쭉쭉 늘어나는 스파게티화입니다. 이름은 귀엽지만, 실제로 겪어 보면 전혀 그렇게 느껴지지 않을걸요?

블랙홀은 중력이 엄청나게 강할 뿐 아니라 위치에 따라 중력의 세기도 급격히 달라집니다. 예를 들어 발부터 먼저 떨어지면 발이 중심에 더 가까워서 머리보다 훨씬 강한 중력을 받아요. 아래쪽은 더 세게, 위쪽은 덜 세게 당기니 몸 전체가 길쭉하게 늘어나게 되죠. 위아래로 늘어나고, 양옆으로는 눌리다가 결국 주~욱 찢어져 버립니다.

이렇게 위치마다 작용하는 중력의 크기가 달라서 생기는 힘을 기조력이라고 불러요. 밀물과 썰물을 일으키는 힘이기도 하죠. 기조력이 클수록 스파게티화가 심해집니다. 여기서 중요한 사실은 작은 블랙홀일수록 기조력이 강하다는 거예요. 왜냐하면 크기가 작으니 사건의 지평선이 중심과 더 가까운데, 짧은 거리 안에서 중력 차이가 훨씬 커지거든요. 더 빨리, 더 세게 늘어나는 거죠.

결국엔 블랙홀의 중심, 특이점에 도달합니다. 여긴 밀도는 무한대, 부피는 0이라는 상상조차 하기 어려운 공간이에요. 우리가 아는 물리 법칙을 총동원해도 예측하기가 어려워요.

최근 과학자들은 연구를 통해 블랙홀에 들어간 정보가 세상에서 완전히 사라지진 않을 거라고 추정하고 있어요. 여전히 모르는 게 많지만 블랙홀에 대해 한 걸음씩 가까워지고 있는 거예요.

◆ 블랙홀 안으로 들어갈수록 몸이 스파게티처럼 쭉~ 늘어난다.
   그렇게 도착한 곳에는 블랙홀의 중심, 특이점이 있다.

✏️ 이처럼 과학이 발전해도 블랙홀에 대해서는 여전히 모르는 부분이 많습니다. 하지만 언젠가 블랙홀의 안까지도 알아낼 날이 오리라 믿어요. 벌써 두근대는데요?

◆ 더 알아보기 ◆

블랙홀을 관측하는 방법

과학자들은 어떻게 블랙홀의 존재를 알게 되었을까요? 우연히 블랙홀 사진이 찍히기라도 했을까요? 그 뒤에는 과학자들의 활약이 숨어 있답니다.

① 계산 먼저, 발견은 나중?

사실 블랙홀의 개념이 처음 등장했을 때는 과학자들도 믿지 않았답니다. 먼저, 1783년 존 미첼은 중력이 너무 강해 빛도 빠져나오지 못하는 '어두운 별'이 있을 거라 추론했어요. 1000여 년 뒤 1915년, 아인슈타인이 일반 상대성 이론을 발표했고, 1916년 카를 슈바르츠실트는 그 이론으로 어떤 질량이 특정 크기를 넘어 압축되면 빛이 탈출할 수 없는 경계가 존재함을 수학적으로 예측했어요. 그리고 1939년 로버트 오펜하이머와 하트랜드 스나이더가 실제로 별이 그렇게 붕괴해 사건의 지평선을 만든다는 계산을 해냈죠!

하지만 여전히 의심은 있었다고 해요. 이때 블랙홀의 존재를 짐작하게 한 것이 간접적인 관측법이었어요. 예를 들어 어떤 별이 엑스선을 강하게 내뿜거나 은하 중심에서 별들이 너무 빠르게 공전하고 있다면, 그 주변에 엄청난 질량이 집중되어 있다는 단서가 됩니다. 이런 퍼즐 조각들을 하나씩 맞추면서 과학자들은 블랙홀의 위치를 예측할 수 있었죠.

② 그림자만 남긴 블랙홀

블랙홀을 직접 보기 위해 전 세계의 과학자들이 힘을 합친 사건이 있었습니다. 2019년 과학자들은 사건의 지평선 망원경 프로젝트를 통해 드디어 사진 한 장을 찍는 데 성공했어요. 바로 블랙홀의 '그림자'를 말이에요.

실제로 블랙홀은 전혀 보이지 않아요. 하지만 사건의 지평선 바깥은 다르죠. 블랙홀로 끌려가는 물질들이 내는 빛이 강한 중력 때문에 고리 형태로 블랙홀을 감싸고 있는 것처럼 보이거든요. 그 가운데 빛이 탈출하지 못해 어둡게 비어 보이는 블랙홀의 '그림자'를 찍는 데 성공한 거죠!

놀랍게도 이 사진은 시뮬레이션으로 예측한 이미지와 매우 비슷했어요. 블랙홀 연구가 더 이상 예측이 아닌 관측을 하는 시대가 온 거죠!

<실제 촬영>   <시뮬레이션 예측>

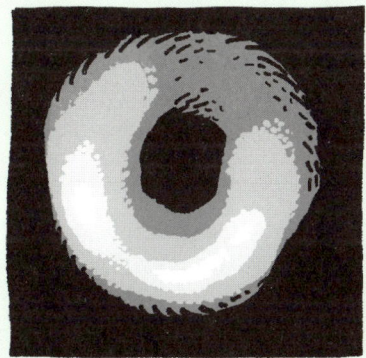 

 교과 연계
초등 과학 6학년 1학기 4단원 《빛과 렌즈》

세상에 나쁜 질문은 없다!
◆ 나만의 질문 만들기 ◆

세상에 나쁜 질문은 없다. 불친절한 답변만 있을 뿐!

여기서는 '쓸데없다'고 핀잔을 주거나 모른다고 놀릴 사람은 없어요. 질문이 결국 과학의 시작이고, 본질이니까요! 마치 '뉴턴의 사과'처럼 여러분의 질문이 우주의 비밀을 푸는 열쇠가 될지도 모르죠.

당장 질문이 떠오르지 않는다면, 제가 도움을 드릴게요!

① 일상 관찰하기

뉴턴처럼 일상에서도 보물 같은 영감을 얻을 수 있어요. 당연하다고 생각했던 일상을 잘 관찰해 보세요!

② 다르게 생각하기

이제는 일상을 더 엉뚱하게 바라볼 차례! 누가 더 이상한 질문 하는지 내기한다고 생각해도 좋아요. 이 책의 질문들도 그렇게 시작됐거든요!

만약에 질문하기 _____	예) 만약 내가 투명인간이 된다면 어떨까?
익숙한 말 의심하기 _____	예) 정말 사촌이 땅을 사면 배가 아픈가?
바꾸거나 없애거나 더하기 _____	예) 지구의 중력이 사라지면 어쩌지?
작게 쪼개거나 넓히거나 _____	예) 왜 우리는 아직 외계인을 못 만났을까?

③ 엉뚱한 질문 해 보기

이제 직접 질문을 해 볼까요? 너무 엉뚱해서 차마 남에게 말하지 못했던 여러분만의 황당하고 생뚱맞은 궁금증을 마음껏 발휘해 보세요!

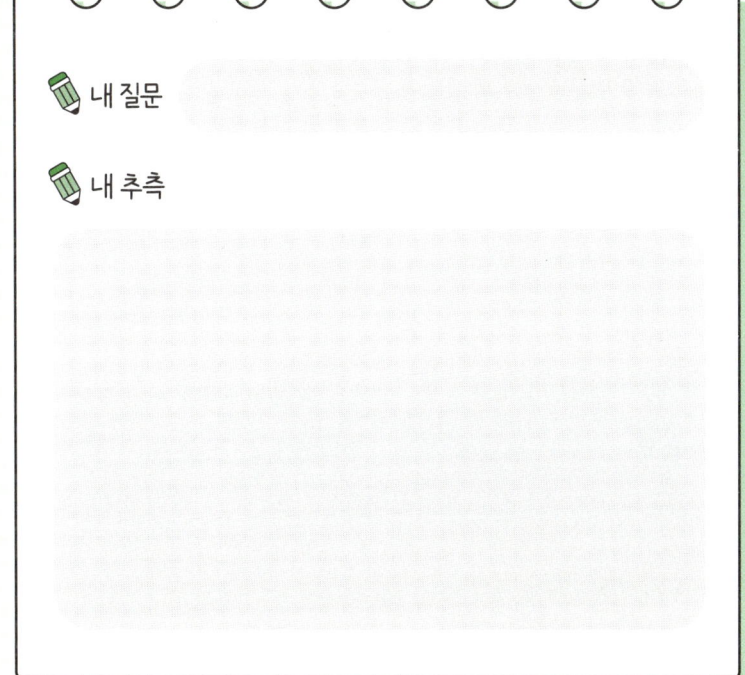

제가 존경하는 과학자인 칼 세이건이 이런 말을 했어요. "과학은 단순한 지식의 집합이 아니라 생각하는 방법이다." 이 책을 통해 여러분도 과학을 즐기고, 과학적으로 생각하는 방법에 더 친숙해졌으면 좋겠네요.

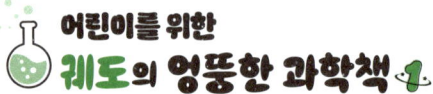

기획 및 원작 궤도 **글** 남서윤 **그림** 김규택
펴낸이 김영곤 **펴낸곳** (주)북이십일 아울북

1판 1쇄 발행 2025년 10월 29일
1판 2쇄 발행 2025년 11월 24일

프로젝트4팀장 김미희 **책임편집** 신세빈
디자인 박지영 **교정교열** 김은영
영업팀 정지은 한충희 남정한 장철용 강경남 황성진 김도연 이민재
제작팀 이영민 권경민

출판등록 2000년 5월 6일 제406-2003-061호
주소 (10881) 경기도 파주시 회동길 201(문발동)
대표전화 031-955-2100 **팩스** 031-955-2177 **홈페이지** www.book21.com

이 책을 무단 복사·복제·전재하는 것은 저작권법에 저촉됩니다.

ISBN 979-11-7357-590-7
ISBN 979-11-7357-589-1 (세트)

© 2025 궤도

* 책값은 뒤표지에 있습니다.
* 잘못 만들어진 책은 구입하신 서점에서 교환해 드립니다.

	• 제조자명 : (주)북이십일	• 제조연월 : 2025년 11월
	• 주소 및 전화번호 : 경기도 파주시 회동길 201(문발동) 031-955-2100	• 제조국명 : 대한민국
• 사용연령 : 3세 이상 어린이 제품

다양한 SNS 채널에서 아울북과 올파소의 더 많은 이야기를 만나세요.

인스타그램
@owlbook21

유튜브
@아울북&올파소

페이스북
@owlbook21

네이버카페
owlbook21

2028 첫 수능 채택 과목 〈통합 사회〉,
초등 고학년부터 시작된다!
EBSi 사회 탐구 인기 강사 **박봄 선생님** 기획
초등 맞춤형 《요즘 통합 사회》

저와 함께 수능 〈통합 사회〉까지 이어지는 필수 어휘를 공부해 보아요!

20년 경력 전 고등학교 사회 교사
EBSi 사회 탐구 인기 강사 **박봄 선생님**

2028 수능에서 〈통합 사회〉가 시험 과목으로 채택되었다는 사실, 알고 계신가요?
이제 〈통합 사회〉는 문·이과 구분 없이
모든 학생이 반드시 공부해야 하는 필수 과목이 되었죠.
그러나 걱정하지 마세요. 놀랍게도 중학교 사회에서 배운 핵심 개념들이
고등학교 통합 사회의 주요 내용입니다.
즉, 중학 사회만 제대로 공부하면 수능까지 준비 완료!

EBSi 사회 탐구 인기 강사 박봄 선생님이 중학 사회에서 엄선한
수능까지 이어지는 필수 어휘를 지금 바로 만나 보세요!